CONTOS PROVINCIANOS
e crônicas

Catalogação na Fonte
Elaborado por: Josefina A. S. Guedes
Bibliotecária CRB 9/870

C871c Coutinho, Suely de Paula
2019   Contos provincianos e crônicas / Suely de Paula Coutinho. - 1. ed. - Curitiba: Appris, 2019.
         229 p. ; 23 cm

         Inclui bibliografias
         ISBN 978-85-473-2886-3

         1. Contos brasileiros. 2. Crônicas brasileiras. I. Título.

                                                                  CDD – 869.3

Editora e Livraria Appris Ltda.
Av. Manoel Ribas, 2265 – Mercês
Curitiba/PR – CEP: 80810-002
Tel: (41) 3156 - 4731
www.editoraappris.com.br

Printed in Brazil
Impresso no Brasil

CONTOS PROVINCIANOS
e crônicas

SUELY DE PAULA COUTINHO

Editora Appris Ltda.
1.ª Edição - Copyright© 2019 do autor
Direitos de Edição Reservados à Editora Appris Ltda.

Nenhuma parte desta obra poderá ser utilizada indevidamente, sem estar de acordo com a Lei nº 9.610/98.
Se incorreções forem encontradas, serão de exclusiva responsabilidade de seus organizadores.
Foi realizado o Depósito Legal na Fundação Biblioteca Nacional, de acordo com as Leis nos 10.994, de 14/12/2004,
e 12.192, de 14/01/2010.

FICHA TÉCNICA

EDITORIAL	Augusto V. de A. Coelho
	Marli Caetano
	Sara C. de Andrade Coelho
COMITÊ EDITORIAL	Andréa Barbosa Gouveia (UFPR)
	Jacques de Lima Ferreira (UP)
	Marilda Aparecida Behrens (PUCPR)
	Ana El Achkar (UNIVERSO/RJ)
	Conrado Moreira Mendes (PUC-MG)
	Eliete Correia dos Santos (UEPB)
	Fabiano Santos (UERJ/IESP)
	Francinete Fernandes de Sousa (UEPB)
	Francisco Carlos Duarte (PUCPR)
	Francisco de Assis (Fiam-Faam, SP, Brasil)
	Juliana Reichert Assunção Tonelli (UEL)
	Maria Aparecida Barbosa (USP)
	Maria Helena Zamora (PUC-Rio)
	Maria Margarida de Andrade (Umack)
	Roque Ismael da Costa Güllich (UFFS)
	Toni Reis (UFPR)
	Valdomiro de Oliveira (UFPR)
	Valério Brusamolin (IFPR)
ASSESSORIA EDITORIAL	Alana Cabral
REVISÃO	Andrea Bassoto Gatto
PRODUÇÃO EDITORIAL	Lucas Andrade
DIAGRAMAÇÃO	Thamires Santos
CAPA	Giuliano Ferraz
COMUNICAÇÃO	Carlos Eduardo Pereira
	Débora Nazário
	Karla Pipolo Olegário
LIVRARIAS E EVENTOS	Estevão Misael
GERÊNCIA DE FINANÇAS	Selma Maria Fernandes do Valle

À minha família, pelo apoio incondicional em todos os momentos.

Aos amigos de hoje e ontem, o meu apreço.

Agradecimento

A Deus, por me conceder a vida e a disposição para escrever.

PREFÁCIO

Imagino como seria a vida se não houvesse literatura. Talvez não houvesse vida. Ariano Suassuna assim se expressou a esse respeito: "Não existe diferença entre a literatura e a vida. A literatura foi o caminho que encontrei para enfrentar a bela tarefa de viver". Com essa reflexão, inicio este prefácio, com um orgulho imenso, mesmo diante de tamanha responsabilidade.

Neste livro, Suely de Paula Coutinho apresenta contos e crônicas, transportando-nos para um mundo paradoxalmente real e imaginário, em que a ficção funde-se com a realidade e a realidade atiça a ficção. Há uma multiplicidade na abordagem dos temas como se a autora fosse várias autoras. Os cenários, tanto dos contos como das crônicas, são ambientados em situações as mais diversas: são questões sociais e do cotidiano, fatos reais ou mitológicos, superstições, dramas humanos, temas de ficção, fatos da memória afetiva, apego às raízes. Suely leva-nos para além de um conhecimento geográfico, histórico e cultural quando descreve uma série de valores em seus humanos e não humanos, evidenciando suas peculiaridades em seus confins, mostrada por uma observadora que recupera as histórias num mergulho universal.

Impressiona a maestria que expressa nos textos ora sérios, ora risíveis, ora reflexivos, cuja predominância estende-se dos casos de amor às mazelas do dia a dia, a partir de fatos que povoaram o universo da escritora.

Agora de estilo bem próprio, Suely Coutinho, para desempenhar essa honrosa tarefa de contista e cronista, vale-se das mais variadas situações para povoar suas histórias com personagens buscados nos recônditos de suas memórias. E assim ela é capaz de conduzir o universo do cotidiano para o mundo da ficção.

O resgate às tradições, o carinho com as pessoas e com os lugares ocupam textos que nos remetem às nossas próprias reminiscências, conduzindo-nos aos profundos de nossas mentes em verdadeira interação com as histórias. Assim é nos contos "Viagem de trem", "Mundo errado", "O Mascate". Um forte apelo, ora de medo, ora de humor, rega os textos que falam de misticismo, crenças e tragédias. São narrativas bem concebidas que mexem com o imaginário e criam um ambiente de emoção, suspense e surpresa. Cito os contos "Cruz da moça", "Compadre da morte", "A fazenda abandonada", e a crônica "Superstições e crenças".

Os momentos de idas e vindas, o recurso às memórias do presente e do passado, com suas personagens arrancadas do baú das lembranças, o uso, às vezes, de uma variedade linguística estigmatizada, a revisitação às lendas e mitos da tradição oral, são importantes ferramentas da palavra literária, das quais a autora lança mão. Tudo isso aliado à capacidade de transformar temas relevantes em emocionante passeio por meio da leitura. Assim, é possível prever uma comunicação da autora com o leitor. Ela convida-o a dialogar, a discutir, e o conduz pelas veredas narrativas, por meio de sua linguagem bem próxima da oralidade, o que dá força e um sabor especial às suas histórias. E aí é que se pode desfilar ao sabor da conversa. E esse envolvimento com a linguagem é um dos encantamentos dessas histórias cheias de gente.

Com esta obra, pude viver profundamente o que cada narrativa, o que cada descrição causou em mim. São as mais variadas e curiosas emoções: desde a sensação de retorno ao tempo das histórias contadas à luz do lampião, até as mais simples, como se entristecer ou gargalhar diante das situações criadas ou modeladas pela autora. Suely leva o leitor a imaginar cenas que ela não só descreve e narra, mas desenha, conseguindo transportá-lo para dentro de cada texto.

Com certeza, serão emoções que provocarão deleite ao mais tímido leitor.

Surpreende acompanhar Suely na construção narrativa desta obra. E vai o meu augúrio para que continue a "contear" e "cronicar" por este universo afora.

Ábia Dias

Professora docente do Centro Universitário São José de Itaperuna

Membro da Academia Itaperunense de Letras

SUMÁRIO

CONTOS PROVINCIANOS

1. Um austríaco corajoso 13
2. Quantos ovos! 19
3. O compadre da morte 29
4. A fazenda abandonada 35
5. Papelzinho misterioso 41
6. Viagem de trem 51
7. Corremundo 55
8. Mundo errado 59
9. A idosa e seu cão 63
10. Casos de família 67
11. Cruz da moça 73
12. Na venda do senhor José Gomes 75
13. Comedor de ovo 79
14. Um conto português, com certeza 83
15. Doença terminal 89
16. Relato de um sequestro 93
17. Vontade de ficar branca 97
18. Lenda grega 101
19. Da datilografia aos aplicativos 105
20. O rei infeliz 111
21. O filósofo e o rei 115
22. Um petisco especial 119
23. A história de Sofia 123

CRÔNICAS

1. O mascate 129
2. O mundo de lata 133
3. Os roncadores 137
4. Queda de avião 141
5. Propinas 145
6. Realidade brasileira 149
7. Missão no rio Amazonas 151
8. Senhora dos cremes 157
9. Taxas e mais taxas 163
10. Superstições e crenças 167
11. Fobias 175
12. Viajando do lixo ao luxo 181
13. Dura realidade de professora 185
14. Mazelas da enchente 189
15. Longevidade 193
16. De mucamas a diaristas 197
17. Esquecimento 201
18. Dotes físicos 205
19. Tudo por amor 209
20. Terreiros 215
21. Mãe que não é mãe 221

POSFÁCIO 225

CONTOS PROVINCIANOS

1. UM AUSTRÍACO CORAJOSO

A história verídica de um austríaco de nascimento é uma das histórias de vida que merecem registro devido à ousadia de que estava imbuído o jovem quando decidiu vir para a América, especificamente para o Brasil. Recordo o destaque que o autor inglês Paul Thompson dá às histórias de vida, não somente à vida de pessoas simples como as que se destacam em algum aspecto. Neste momento, o meu leitor há de refletir que sua vida também é digna de registro. Eu creio que isso é verdade, porém o que narro me foi contado por uma amiga e filha do austríaco a quem denominei corajoso. Este é o caso do protagonista deste texto. Nascido no início do século XX, como todo cidadão cumpridor de seus deveres para com a pátria, ele se inscreveu no serviço militar, o que resultou em seu envio para a Segunda Guerra Mundial, que estava começando, na qual a Áustria se envolveu logo de início.

O jovem, a quem vou denominar Joseph, frequentou o mesmo pelotão de treinamento com Adolph Hitler, o ditador nazista da Alemanha na Segunda Guerra Mundial. Joseph, depois que veio para o Brasil, mostrava sua carteira do exército austríaco e contava de que forma Hitler se comportava no serviço militar, incluindo detalhes de seu caráter e temperamento excêntrico: quase não se entrosava com os outros colegas, ficando à parte dos companheiros; não assimilava com clareza as ordens recebidas e precisava da ajuda dos demais soldados para realizar determinadas tarefas. E que surpresa quando, posteriormente, os amigos souberam que ele havia se inscrito no exército da Alemanha e mais ainda por saberem de sua ascensão ao poder!

Das batalhas de que participou, Joseph recordava-se, contando à sua família brasileira, uma que definiu seu futuro e, posteriormente, propiciou sua partida para o Brasil. Relatou os horrores da guerra, os combates, as lutas em campo aberto, as dezenas de mortes de soldados a que assistiu, tanto vencidos como vencedores.

Quase no final da guerra, num dos últimos enfrentamentos ocorridos em terra e próximo ao povoado onde ele residia com seus pais e onde se localizava o destacamento militar a que servia, um encontro marcou sua vida. Terminada a batalha, ocorriam os saques feitos pelos vencedores aos soldados mortos. Um carregamento do exército passava recolhendo os corpos, que deveriam ser sepultados como heróis da guerra. Recolhidos os feridos e terminado o último vestígio do combate, Joseph preparou o cavalo e foi ao povoamento vizinho para averiguar os campos. Ouviu um gemido vindo de dentro de uma baixa vegetação, ao lado de um córrego. Apeou do cavalo e foi verificar. Encontrou um soldado deitado e agonizante. O homem estava com o ventre aberto e intestino para fora. O ferido pediu que Joseph levasse seus documentos ao povoado, procurasse sua esposa e lhe dissesse que o encontrara em seus instantes finais. Mal explicou o local de sua casa, logo fechou os olhos. Joseph procurou os familiares do morto, entregou os documentos e relatou os minutos finais do soldado. Daí em diante travou conhecimento com a família, enamorou-se de uma irmã do soldado por ele socorrido e casou-se com a jovem austríaca.

Interessante os costumes de famílias alemãs daquele tempo. Joseph contava que eles eram dois irmãos e duas irmãs. A mãe era estritamente exigente com os filhos mais novos, mesmo adultos. Eles só podiam sair de casa sob a guarda da irmã mais velha, que decidia até que hora eles deveriam voltar juntos para casa. A primeira irmã tinha toda autoridade sobre os outros mais novos.

Joseph e a esposa austríaca tiveram dois filhos, sendo um menino e uma menina, e moravam no povoado dos pais dela. Ele trabalhava numa fábrica distante, que ficava no povoado de seus pais e, com eles, passava os dias da semana, enquanto trabalhava e, aos finais de semana, ele ia ficar com a esposa e as crianças no outro povoado. Num começo de semana, retornou à casa dos pais e levou a menina para ficar com os avós enquanto ele trabalhava. O trágico dia chegou: houve um terrível bombardeio no povoado onde vivia e estavam sua esposa, o filho e os parentes dela, e todos foram mortos. Viúvo, restou-lhe a filha e seus pais, que continuaram a criar a menina, e ele continuava trabalhando regularmente. A guerra acabou, os tratados de final de conflito foram assinados e a região em que moravam passou a pertencer à Polônia.

Formado em Engenharia Mecânica, Joseph continuou a trabalhar na fábrica, onde encontrou um companheiro, com a mesma formação, que estava decidido a emigrar para o Brasil. Os dois colegas de profissão prepararam seus passaportes, algumas economias e, acompanhados de uma maleta de ferramentas e mala de roupas, embarcaram em um navio para a terra brasileira. Era por volta do meado da última década de 30. Desembarcaram do navio na cidade do Rio de Janeiro e se estabeleceram numa pensão, tipo de hospedagem comum na época. Procuraram uma fábrica onde pudessem exercer seus ofícios e logo souberam que uma fábrica de cerveja estava admitindo especialistas para a montagem de novas máquinas vindas do exterior. O momento foi promissor e os dois amigos se fixaram na fábrica da cidade.

Não correram muitos anos, no interior do estado do Rio, a Prefeitura de uma pequena cidade se empenhou em montar uma hidrelétrica numa cachoeira do rio Muriaé. Naquele tempo de eletricidade precária, com poucas redes de distribuição, seria uma forma de beneficiar a vila e a cidade mais próxima; seria um avanço regional. A Prefeitura encomendou as máquinas de eletrificação da Alemanha, mas houve problema: não havia técnicos na região que soubessem instalar, já que o manual estava escrito em alemão. Emissários da Prefeitura foram à cidade do Rio de Janeiro para procurar, nas fábricas, técnicos que soubessem montar as máquinas. Por sorte, lá estavam os dois trabalhadores com formação na Alemanha, que foram contratados imediatamente para o serviço. Desse modo, Joseph e seu companheiro se mudaram para o interior e, com perícia, executaram a montagem dos equipamentos da hidrelétrica, que passou a funcionar de forma eficiente, e ainda funciona até o presente momento.

Na pequena vila ao lado da nova fonte de energia elétrica, viviam famílias de modestos moradores, comerciantes, trabalhadores do campo, proprietários rurais e poucos fazendeiros. No local, todos foram servidos pela luz elétrica gerada pela hidrelétrica, uma novidade que satisfazia a pobres e ricos, iluminando os postes da rua, o comércio e as casas de famílias. Até um bar surgiu, encantando a criançada e os adultos, pois a fábrica começou a produzir um gostoso picolé.

Antes da iluminação elétrica, a casa de um dos proprietários rurais tinha um terreiro grande na frente, onde colocavam lampiões a querosene nas laterais para iluminar o baile que faziam aos finais de semana. Ao som de uma sanfona e um cavaquinho, os casais rodopiavam pelo terreiro, num agradável arrasta-pé, com o sorriso dos namorados e apaixonados, que tiravam as damas para uma parte na dança. Os donos da casa tinham nove filhos, dentre eles, mais moças casáveis e adolescentes e, ainda, duas meninas de criação.

Os dois alemães encontraram esse clima de lazer aos finais de semana e conquistaram a amizade das pessoas da vila. Logo que a luz chegou ao povoado, iluminou o terreiro da dança e as noites de forró ficaram bem mais animadas. Os dois companheiros não conseguiam dançar por não serem dotados daquele gingado característico dos brasileiros, mas apreciavam a moçada dançando alegremente.

Viúvo e solitário em terras estranhas, Joseph se enamorou de uma das filhas dos donos do baile. Era uma jovem de 20 anos, que correspondeu aos seus olhares de encantamento. Embora a mãe das moças quisesse que a mais velha namorasse Joseph, não houve como fazer com que a mais nova deixasse de querer o pretendente. O casamento dos namorados se realizou. Os recém-casados ficaram residindo na vila e ele continuou trabalhando na hidrelétrica. Nasceu a primeira filha. Apareceu em Joseph um abscesso atrás da orelha. Ele foi com a esposa para o Rio de Janeiro, ficou em tratamento e faleceu no dia 21 de janeiro de 1945.

Enquanto viveu no Brasil, ele se correspondia com um irmão que havia ficado na então Polônia. Joseph nunca retornou à sua terra natal e, depois de sua morte, a esposa brasileira recebeu uma carta do irmão com a notícia de que sua filha, que fora criada pelos avós, estava trabalhando em Viena, como dama de companhia de uma mulher da nobreza austríaca. A mansão onde a filha trabalhava foi bombardeada e ela pereceu com toda a família dos nobres. A carta com a triste notícia chegou no mês de maio, quatro meses depois do falecimento dele. A esposa de Joseph, nesse tempo, estava grávida da segunda menina.

Algum tempo depois, a esposa de Joseph recebeu uma carta do cunhado polonês, comunicando que havia uma herança a ser recebida, mas não valia a pena fazer uma viagem até lá, pois a propriedade era pequena, então, devido às dificuldades da distância, ela abdicou de seus direitos em favor do cunhado.

2. QUANTOS OVOS!

Era um pequeno povoado do interior brasileiro onde os assuntos da vida alheia fervilhavam de boca em boca. Ali se sabia o que acontecia e se cogitava o que ia acontecer devido à falta do que fazer e à necessidade premente das fofoqueiras de tagarelarem com a vizinhança sobre tudo e sobre todos; fiofós abaixados na porta das casas, pela tardinha, a vigiarem quem passasse e a resolverem suas pendengas. Caminhavam pela rua, no final das tardes, os pé-rapados vindos do trabalho carregando seus instrumentos, como enxadas e foices, chegando com suas carroças, desamarrando os burros e soltando-os nos pastos detrás da porteira. Transitavam também os mais sofisticados empregados das vendinhas ou dos armazéns, as lavadeiras com trouxas de roupa na cabeça e a criançada saída da escola, conduzindo no pescoço o embornal de livros e cadernos, apostando uma corrida para ver quem chegava à casa primeiro.

Cães perambulavam pelas ruas sem calçamento à procura de alimento nos monturos de lixo do lado de fora das casas. Gatos saltavam dos telhados para as casas dos vizinhos, num típico entardecer que se repetia a cada dia, exceto nas tardes de domingo, em que a comunidade tinha obrigação de assistir à missa. Enfim, assim era a vida do povo que, além da rotina precária de trabalho, ocupava-se com as novidades trazidas pelas comadres, solteironas, mães de família e velhas ociosas, escarrapachadas nas calçadas do lado de fora das casas, onde se encontravam para o bate-papo diário das tardes. Nada escapava sem que todos soubessem de tudo da vida dos outros. Era um fuzuê geral de matracas, picuinhas e malvadezas, em que todas as autoridades municipais, leigas e religiosas eram os atores principais. Desse modo, seguia a vida interiorana da comunidade.

A localização das casas era num vale em que corria um pequeno riacho, tipo grotão, entre os dois morros de pequena elevação. Casas humildes construídas em ambas as margens do riacho. A passagem, de um lado a outro, era por uma ponte estreita e caindo os pedaços e, para facilitar a passagem mais próxima das casas, fizeram duas pinguelas, com segurança de uma corda rústica que servia para os pedestres colocarem as mãos. As pinguelas ficavam nas extremidades do povoado. Os poucos carros transitavam apenas no pontilhão de mão única.

Dentre as autoridades locais havia o delegado de polícia, cercado de alguns soldados da guarda nacional, que faziam a segurança da população. O prédio mal-ajambrado e antigo da delegacia instalada no meio da rua principal era de pouca atividade, pois por muito poucas vezes abrigou um ou outro agressor de vizinho que, normalmente, tinha tido uma querela por terras ou por cultivo de lavoura de milho da região. Às vezes, ia preso um ladrão de galinha.

A vida das pessoas do povoado só se agitava quando faziam umas festinhas juninas. As moças dançavam a quadrilha, bandeirinhas eram espalhadas pelas ruas, com sanfoneiros tocando forró, que durava a noite inteira. A fogueira de São João queimava no meio da festa, desafiando os ousados a atravessarem com pés descalços sobre as brasas, numa aventura à meia-noite. Batata doce e milho assados na fogueira, pipoca, paçoca, pé de moleque, doce de coco e canjica faziam a alegria dos guris que perambulavam pelas ruas, deliciando-se com o que podiam. Era um festejo esperado o ano inteiro e os quitutes preparados com antecedência.

Grande diversão era na noite do sábado da Aleluia e na manhã do domingo de Páscoa. O boneco de pano, o Judas, todo emperiquitado, feito pelos brincalhões que chacoalhavam com os defeitos dos moradores, aparecia pela manhã, causava diversão e era motivo de gargalhadas. O boneco colocado na pracinha era feito um espantalho, trazia no bolso um papel, o pasquim (como era chamado o bilhete do Judas), de mais de um metro de comprimento com os versinhos ridicularizando as pessoas, citando os comportamentos exóticos, as manias das velhas, as solteironas, os maridos traídos, os encontros furtivos dos namorados, os sovinas e as autoridades. O pasquim do Judas punha autoridade e mendigo em pé de igualdade. Todo comportamento excêntrico que fugia à rotina dos moradores, assunto das fofoqueiras e que não se podia comentar de viva voz, vinha à tona pelos versos de Judas. As reações das pessoas eram diversas: umas riam, outras se enfureciam, praguejavam contra as línguas maldizentes. A criançada era a que mais gostava. Saíam das casas armados de paus e pedras e destruíam o Judas em poucas pancadas, mas o pasquim corria de mão em mão por dias até que uma das vítimas colocava fogo nele em plena pracinha.

A igreja, muito velha, erguida em frente à delegacia, era o local de obrigação dominical para os moradores que levavam as crianças para assistirem à missa e ouvirem as admoestações do padre Tomás, que concentrava os sermões na palavra de Deus e ensinava os bons costumes às famílias, zelando pela moral, refreando os maus comportamentos, os adultérios, convidando as crianças para as aulas de catecismo. O sacerdote idoso e querido de todos faleceu inesperadamente, e para aquele lugar tão longe da civilização, que parecia ser onde Judas perdeu as botas, logo apareceu outro padre, mais jovem, que renovou os costumes e agregou mais fiéis, com um modo simpático de cativar as pessoas. Enfim, a renovação era necessária e aconteceu no momento exato em que alguns comportamentos estavam sendo desvirtuados da moral cristã.

Um político da cidade vizinha instalou um alto-falante no alto do morro, o que foi algo inédito: vinculavam-se notícias diversas, convites de aniversários, de casamentos, anúncios de morte e orações da Ave-Maria às seis horas da tarde. Mas o melhor eram as músicas novas e dedicatórias aos aniversariantes, e os apaixonados que não podiam se declarar e usavam aquele meio de comunicação para dedicar músicas às suas amadas sob os mais diversos pseudônimos. A presença do alto-falante movimentou o povoado e até as fofocas fervilhavam mais intensamente.

Dentre os poucos casamentos, padre Tomás celebrou um do casal que, após o enlace, passou a viver numa casinha ao lado da igreja. O rapaz era sacristão desde meninote, a família praticante e bastante amiga do padre. A mãe do noivo zelava pela igreja e o pai, modesto carpinteiro, tinha feito os bancos do templo e atendia aos chamados do padre sempre que solicitado.

O casamento ocorreu dentro da normalidade e o casal foi viver na sua nova casa. O marido chamava-se Antônio, apelidado Toninho. Era caixeiro da única loja de tecidos do povoado. A casa dos recém-casados não tinha quartinho. As necessidades fisiológicas deviam ser feitas no penico, colocado numa pequena despensa do lado de fora da cozinha, e depois jogadas pelo mato ao redor da casa. Depois do café da manhã e antes de ir ao trabalho, todos os dias Toninho subia o morrinho detrás da casa onde havia crescido uma pequena floresta e despejava seu primeiro detrito urinário e fecal tranquilamente, ao som do alarido dos passarinhos que voavam de galho em galho. Como se limpava era o seu vexame: trazia da loja, escondido no bolso da calça, o papel de embrulho; limpava-se e jogava por ali mesmo. Depois de subir e abotoar a calça, descia e seguia tranquilamente a sua rotina para o trabalho.

A esposa observava as idas silenciosas do marido ao mato no altinho do morro. Não escapando do natural instinto feminino, bateu a curiosidade. Pensava e remoía suas ideias, passava o dia fazendo mil conjecturas sobre as visitas matutinas do esposo naquele altinho da mata. Saía da varandinha atrás da casa, olhava de rabo de olho para cima, e mil coisas lhe passavam pela cabeça: "Que vai fazer Toninho todo dia, no mesmo horário, naquele mato?". Olhava e acompanhava as subidas e descidas do marido naquele morro e, como era nada diferente da mulherada da vizinhança, a curiosidade venceu... Pensava: "Quem o danado vai encontrar naquele mato?". Não dava para desconfiar de traição porque a matinha era mal assombrada e ninguém ousava entrar nela sozinho, ainda mais uma mulher, mesmo que fosse destemida, parecendo mulher-macho... Lembrando, ainda, que as cobras eram moradoras antigas daquele matinho e lá abrigavam seus ninhos.

Por falar em perigo de cobras, caro leitor, você nem pode imaginar as arapucas e armadilhas que os moradores mantinham em suas casas para dispersar os terríveis répteis rastejantes. Toninho se preveniu bem antes do casamento e colocou uma borracha preta embaixo das portas da casa para que elas não entrassem e todas as tardes ele fumegava uma droga na varandinha de fundos a fim de afugentar os répteis que por ali divagassem.

A esposa estava intranquila, pois Toninho continuava suas visitas à matinha todas as manhãs, apesar do perigo das cobras, e como a curiosidade tem seu dia culminante, ela matutou toda a noite como ia fazer a pergunta fatídica. Com tudo planejado mentalmente e muito séria, ao se levantarem num belo dia de domingo, trancou o marido no quarto e chamou-o na chincha:

— Toninho, não é possível suportar mais essa situação! Você me prometeu fidelidade enquanto nós vivermos, e foi na frente do padre no dia do nosso casamento, mas não está cumprindo com sua promessa!

— Que é isso, amor? Por que você está desconfiando de mim? Minha vida é um livro aberto... O que foi que eu fiz? Não me venha atirar pedra em casa de marimbondo, por favor!

— Você fez sim! Desde o primeiro dia em que entramos nessa casa, você, todo dia, sobe o morrinho e entra na floresta! E é de manhãzinha, antes de sair pra venda! Diz logo quem você vai encontrar lá! Ou eu não sou mulher suficiente pra você? Fala logo, anda, e não tenta me esconder porque eu vou descobrir!

Toninho começou a rir e, abaixando a cabeça, punha a mão na testa, mexia no cabelo, passava a mão na barba e ria cada vez mais. Ficou cogitando uma desculpa para a mulher e depois de ouvir tanto disparate não se mostrou aperreado e resolveu falar...

— Mulher, acho que os vapores do fogão já te treparam nos miolos! Deixe de ser boba! Você não sabia que todo dia eu vou ali na matinha e boto um ovo?! É verdade, boto um ovo por dia! E é só isso!

— É mesmo, marido? Você nunca me falou isso, por quê?

— Ah, mulher, eu pensei que nem precisava, mas tem uma coisa: você não pode falar isso pra ninguém! Por favor! Nem mesmo pra sua mãe, senão todo mundo vai rir de mim! É segredo nosso, ouviu bem? Você promete que esse assunto não vai sair desta casa?

— Claro, Toninho! Pode confiar em mim, marido! É segredo de vida e morte só entre nós dois!

Depois de desvendado o segredo, a mulher abriu a porta e foi arrumar o café da manhã, que tomaram juntos. Todavia, sem muito assunto, pois estava perplexa com a notícia do marido botador de ovo. Viu-o subir a matinha novamente e sair para o trabalho.

Ela não se conteve: correu à casa da mãe. Encontrou-a assentada na sala fazendo o seu crochezinho. Chegou apavorada e abraçou a mãe com os olhos cheios de lágrimas.

— Mas que é isso, filha? O que foi que aconteceu? Por que você está tão jururu?

— Ah mamãe, a senhora nem pode imaginar! Eu soube agorinha mesmo de uma coisa horrível do Toninho! Veja que ridículo, mamãe! Ele, todo dia de manhã, sobe na matinha pra botar dois ovos! Meu Deus! Eu não posso acreditar! Casei com um homem-galinha! Ah, não, mãe, eu não aceito essa vida com marido-galinha! O que que eu faço, mamãe?

— Minha filha, eu também estou em pânico com essa situação! Vou pensar melhor e conversar com seu pai porque o caso é muito grave! Grave mesmo!

— Não, mamãe, a senhora não pode falar com o papai! Ele me pediu segredo e disse que o assunto é só nosso. Pediu pra eu não falar nem com a senhora, que é minha mãe! Vê se pode, mãezinha! Entre nós duas nunca houve segredinho, nem uma potoca!

— Então, filhinha, eu não falo com seu pai. Não falo nem um xis disso tudo. Eu vou pensar como vamos fazer. Pode ir tranquila pra casa. Eu não vou contar nada a ele.

— Mamãe, se o papai souber, eu perco a confiança que sempre tive na senhora! E ele vai ficar muito cabreiro com Toninho!

— Palavra de mãe não falha, minha querida... Pode ir sossegada!

E bateu três vezes a mão na boca em sinal de sigilo absoluto.

A mãe quase deu um faniquito e depois que a filha saiu, caminhava de um lado a outro na sala, sem saber o que fazer. E mal o marido chegou, ela o puxou pelo braço até o quarto, trancou a porta e disparou a falar umas intempéries contra o genro.

— Marido, eu estou arrasada! Você vai ficar doidinho da silva! Acredita que nossa filha tão amada casou-se com um homem-galinha?

— Que é isso, mulher? Que loucura é essa? De onde você tirou essa notícia estapafúrdia?

— É purinha verdade, marido! Nossa filha veio aqui hoje de manhã e me disse em segredo que nosso genro todo dia vai à floresta detrás da casa e bota três ovos!

— Ah, mulher, deixa disso! Isso é balela das maiores! Nossa filha está é doida! Eu não acredito nessa lorota! Meu genro é cabra macho de verdade!

— E qual foi o dia que nossa filha mentiu, marido? Nunca, nunca... Mas ela me pediu pra não te contar porque está muito envergonhada! E você está proibido de passar um vexame desses pra frente! Não vai cutucar o cão com vara curta, ouviu? É um segredo de família, guardado para sempre e que irá conosco para o túmulo...

— Estou abestalhado, mulher! Lógico que será segredo para a eternidade, mas aguentar uma vergonha dessas dentro da nossa casa é demais, você não acha?

Naquele almoço, o pai e a mãe da jovem se sentiram num mato sem cachorro. O assunto era assustador demais para almoçarem normalmente. Comeram muito pouco. O apetite desapareceu depois daquela notícia estrambólica que abalou a estrutura familiar.

Contudo a vida dos moradores seguia rotineiramente. O povoado do cafundó do Judas fluía sem grande novidade, até que um dia, a jovem recémcasada anunciou ao marido e à família que estava grávida. A boa notícia alegrou a todos: pai, mãe, sogro e sogra. Os vizinhos se confraternizaram com a notícia da chegada de um bebê ao novo lar. No entanto restava um questionamento: como podia um homem-galinha, um sujeito chinfrim, gerar uma criança? A família silenciou à espera do anunciado bebê.

Passaram-se meses e meses. Toninho foi percebendo que os vizinhos e conhecidos, se passavam na rua, dirigiam a ele um olhar estranho. Alguns até viravam o rosto, escondendo um riso sarcástico. Certo dia, o padre Tomás, da igrejinha, mandou chamar o marido, que a esse tempo já era papai de um lindo garoto. Tudo bem, mas o que será que queria o padre com o recente pai, pois suas obrigações de católico estavam sendo cumpridas a rigor? Não faltava à missa, praticava as obras de caridade recomendadas para um bom cristão, casara-se na Igreja e havia batizado o bebê com direito até a oferecer um bom almoço ao sacerdote, aos padrinhos, parentes e amigos. E Toninho foi atender ao chamado do padre Tomás. Entrou na casa paroquial, tomou a bênção ao sacerdote e este o chamou para um canto da sacristia, pois queria um particular com ele. Assentaram-se um de frente para o outro. O padre era idoso, cabelos claros, lúcido e moderado com suas palavras. Olhou firmemente para Toninho e disse:

— Meu filho, eu te conheço desde que vim ser o pároco desta localidade e nunca havia escutado um comentário negativo sobre sua pessoa. Sempre soube que é um homem trabalhador, honesto, chefe de família exemplar, mas fiquei sabendo de uma notícia que não deu para ter fé no que me disseram e quase bati o facho. A pessoa que me trouxe a tal novidade é alguém que não mente. Não me foi dito em confessionário porque, se assim fosse, claro que eu não poderia comentar por ser segredo de confissão diante de Deus e da Santa Igreja, a mim confiado.

— Mas o que é, padre Tomás? Nem posso supor que notícia tão ruim é essa! É sobre a minha pessoa? Pode dizer. Minha vida é um livro aberto, ainda mais para o senhor, que é o meu confessor!

— Pois bem, filho, preciso cascavilhar um assunto e vou lhe dizer. É mesmo sobre você. Fiquei sabendo que algo extraordinário está acontecendo com você!

— Padre, por favor, o que é? Agora quem está curioso sou eu! Fala logo esse fato extraordinário sobre mim!

— Você está indo de manhã no matinho que fica detrás da sua casa e bota todos os dias cem ovos. Isso é incrível! Por favor, me explica esse fenômeno! Você é algum extraterrestre?

— Padre Tomás, que é isso? Que absurdo é esse? Quem foi que falou com o senhor essa loucura?

E Toninho erguia os olhos para o céu como um peixe fora d'água!

— Ah, Toninho, a pessoa pediu segredo, por isso eu não posso dizer, mas uma coisa é certa, ela não mente!

— Ah padre, deixa eu pensa... Já lembrei de onde degringolou essa coisa horrorosa sobre mim! Já sei, foi minha mulher! Faz tanto tempo, logo depois que nos casamos, eu ia ao matinho fazer minhas necessidades fisiológicas e a mulher, com aquela curiosidade que escapa a poucas mulheres, quase dando um faniquito, me pressionou para dizer o que eu ia fazer todas as manhãs naquele mato. Eu resolvi fazer uma brincadeira com ela e disse que todos os dias eu ia botar um ovo. Padre, padre... Mas eu pedi segredo absoluto! Como é que ela foi passar pra frente? E agora o senhor me chama com essa notícia que me deixa espoletado! Eu botando cem ovos por dia! Minha explicação é essa e não tenho mais nada a dizer!

— Ó Toninho, me desculpe! Foi tudo por conta do exagero! Na verdade, eu soube que eram noventa e nove ovos. Eu é que arredondei pra cem. Agora preciso me confessar...

3. O COMPADRE DA MORTE

Todos pensavam que o compadre Jaconias levava uma vida boa naquela casa rica, cercado do carinho da família constituída de mulher, seis filhos homens jovens e trabalhadores, que se dedicavam à lida da fazenda, cuidando diariamente de várias tarefas. Uns eram responsáveis pelo gado leiteiro, pela tiragem do leite e da produção de queijos. Outros cuidavam da ceva de porcos, da engorda dos rebanhos para sustento da família e dos vizinhos, que vinham comprar a carne dos porcos abatidos quando eles ficavam gordos o suficiente para o abate. Outros, ainda, tomavam conta do roçar dos pastos, das plantações de milho pelos morros, da plantação de arroz na imensa várzea que se via defronte da sede da fazenda.

A família possuía muitos empregados para fazerem o serviço braçal a mando dos filhos do fazendeiro. A casa da fazenda era alta e vista a longa distância por quem passava na estrada que cortava as terras de norte a sul. Foi construída por escravos que colocaram as paredes sobre troncos de árvores muito grossos e resistentes. Ao redor da casa plantaram um imenso pomar com boa variedade de fruteiras, onde havia em maior quantidade as jabuticabeiras, que coalhavam o chão de frutos maduros na época da produção. Algumas produziam frutos fora da temporada, de forma que as frutas constantemente enchiam as bandejas da mesa do fazendeiro.

A dona da casa se incumbia de cuidar de uma farta horta, que foi feita propositadamente ao lado do galinheiro com a finalidade de aproveitamento do excremento das galinhas. Com esse recurso natural, a produção de legumes e verduras estava sempre em alta. Tanto naquela casa como na casa dos meeiros não faltavam produtos fresquinhos da horta de dona Genoveva. A fazendeira era a proprietária do galinheiro e de tudo que dali saía: carne de frangos para a mesa de refeição e ovos para os quitutes da cozinha. Às vezes, acumulavam muitas galinhas poedeiras, e as criadeiras que ficavam mais velhas eram levadas por um empregado para a cidade mais próxima para serem vendidas e, assim, apurarem algum dinheiro para dona Genoveva. Galinha velha e galo velho geralmente têm carne dura e naquela mesa só se apreciava a carne dos frangos novos, que era macia.

A vida rotineira da fazenda corria sem grande novidade. Por alguns domingos à tarde, aparecia uma família de vizinhos que iam tomar um café com os compadres. Sim, digo, caro leitor, com os compadres. Você pode até estranhar os termos, mas eram verdadeiros. Toda a vizinhança era compadre e comadre uns dos outros. As famílias, quase todas numerosas, apadrinhavam os filhos de outras famílias. Constituía um laço de amizade e parentesco apenas compreendido por eles mesmos. Fulano era compadre de beltrano, que era compadre de sicrano, que era compadre de Josué. Um amontoado geral de compadrios e comadrias – me dei o direito de chamá-los assim.

Tenho, na verdade, a intenção de contar aqui a situação do fazendeiro Jaconias. O homenzarrão se sentia muito infeliz, embora o próprio soubesse que não havia motivo para sua infelicidade. Dona Genoveva, percebendo que o marido não se sentia feliz, perguntava o motivo da expressão triste do seu rosto. Respondia que nem ele sabia, mas tinha vontade de morrer.

Jaconias saiu para um passeio que fazia regularmente no campo à tardinha e encontrou um vulto estranho, vestido de preto, o qual, passando ao seu lado numa encruzilhada, fez com que seu casaco esvoaçasse pelo vento que acompanhava a figura. Ele parou, olhou pra trás, e o vulto parou também e ficou cabisbaixo. Eles se entreolharam só na intenção, porque o rosto dele não aparecia. Jaconias certamente teve medo e, para disfarçar o arrepio que teve naquele momento, perguntou com voz trêmula:

— Eu nunca vi a senhora por aqui, conhece alguém dessas redondezas?

Ela não deixava ver o seu rosto, que estava coberto com uma capa preta acompanhando o manto negro meio translúcido, e respondeu com uma voz macabra:

— Eu estou fazendo meu trabalho. Vim buscar a senhora que mora naquela casinha perto da nascente, embaixo da colina. O senhor sabe quem é?

— A senhora é Dona Mariana, esposa do meu amigo Cesarino. Mas ela está doente, muito ruim e de cama. Todo mundo anda dizendo que está à beira da morte.

— É verdade, e por isso eu vim para levá-la comigo. Esse é o meu ofício, senhor.

— Ah! A senhora então é a morte, a magra que todo mundo sabe que existe, mas que ninguém quer?

— Sou eu mesma. Até logo, eu tenho hora pra voltar!

E o vulto desapareceu pela curva da estrada. Ele voltou para casa, nada disse à Genoveva e pôs-se a pensar em uma forma de dar cabo da vida e tomou uma decisão inédita: o seu filho caçula ia nascer e ele resolveu fazer-se compadre da morte. Isso mesmo, ficou cheio de esperança com a genial ideia que tivera: não apenas ser compadre da morte, mas ser um amigo muito íntimo dela. Nada poderia funcionar melhor para que ele se livrasse da vida infeliz que o atormentava noite e dia. Agora tudo estava ficando fácil porque havia encontrado a morte e precisava espreitá-la numa boa oportunidade.

Os meses se passaram e o filho nasceu robusto e saudável, conforme esperavam, mas Jaconias ainda não se sentia alegre. Ficou aguardando uma oportunidade de saber alguma pessoa que estivesse prestes a morrer para executar o seu próprio plano mortífero. Tinha o melhor amigo que morava na vila e, num dia, Jaconias pegou o seu cavalo baio para ir ao povoado para fazer suas compras de armazém e, na passadinha que deu na casa do amigo de tantos anos, teve uma desagradável surpresa: o amigo estava nas últimas, deveras enfermo, ao ponto de entregar seu espírito a Deus. A notícia do iminente falecimento do amigo era promissora para realizar seu projeto mirabolante de morrer, e ficou feliz. Depois da rápida visita ao amigo moribundo, ele se rejubilou por, finalmente, ter a oportunidade de um segundo encontro com a magra, aquela cujo vulto era negro e não deixava ver a sua cara, que devia ser apavorante para todos, menos pra ele.

Jaconias foi para casa pensando com seus botões de que forma encontraria novamente a morte. Resolveu fazer plantão na porta da casa do amigo da vila. Passou dias e noites de vigília, e todos da família, surpresos com a atitude dele, pensavam que seu gesto era de extrema amizade e compaixão pelo amigo enfermo. Após dias ali prostrado, numa madrugadinha, veio embaixo de uma neblina suave aquele vulto escuro anteriormente conhecido: era ela, a magra, a bem-vinda morte, que chegava sorrateira ao encalço de seu amigo.

Ele pulou na frente dela e foi logo falando bem positivo:

— Senhora, já nos conhecemos outro dia e penso que sei quem a senhora veio buscar. Será que é o meu amigo que anda bastante ruinzinho de saúde há muito tempo?

— Isso mesmo, é ele mesmo. Eu também me lembro de sua fisionomia. Já tivemos uma conversinha na curva da estrada. Eu recebi um dom especial do meu Senhor, de ter a memória clara e jamais esqueço de alguém ou de um assunto que tenho aqui no mundo dos vivos.

— Que bom que não me esqueceu! Eu tenho um convite para a senhora ir à minha casa me fazer um visita. Precisamos conversar muito seriamente.

— Claro que eu o visitarei! Que dia eu posso aparecer lá?

— Pode ser no próximo domingo à tarde? Eu moro no...

A morte o interrompeu e com um riso zombeteiro falou:

— Não preciso do endereço. Eu sei onde é e tenho a capacidade de encontrar quem quer que seja, em qualquer momento. É só eu receber ordens superiores!

— Está bem. Então vou esperá-la no domingo à tarde. Até breve!

Jaconias retornou ao lar depois do enterro do amigo e foi presumindo mil formas de ser amigo do coração da magra – como se a morte tivesse coração... Preparou um bom bate-papo e, na hora determinada do domingo, ela chegou. Estava ele assentado em uma cadeira de balanço na varanda de frente da casa, vestindo um terno branco, como todas as tardes costumava fazer, antes do horário da Ave-Maria. Depois de cumprimentá-lo à distância, aproximou-se e estendeu-lhe a mão negra, que estava gelada, porém muito firme. Balançou efusivamente a mão de Jaconias e se assentou na cadeira de palha ao lado dele. Ele sentiu um forte arrepio na coluna tamanho foi o pavor que invadiu sua alma.

Conversaram longamente assuntos corriqueiros deste mundo, bem como da vida no além, tanto dos afortunados como dos condenados ao fogo eterno. Ele ficou sabendo de coisas horripilantes desse último castigo para os de conduta desviada neste mundo dos viventes. E assim, a senhora morte foi convidada a comparecer à casa de Jaconias sempre nas tardes de domingos. E todas as visitas aconteciam com regularidade. Até que um dia, ele, com mais intimidade com ela, convidou-a para ser madrinha do seu filho que tinha nascido havia poucos meses. Ela ficou contentíssima e se preparou para o dia do batismo, mas nesse dia ela compareceu toda de branco, similar a um anjo adulto caído do céu.

Depois de alguns meses, as visitações continuavam e ambos ficaram muito íntimos. Contavam um ao outro piadas jocosas e riam com a maior liberdade. Eram casos dos vizinhos dele, da mulherada, das crianças, e incluía as histórias dos animais do campo. Ficou sabendo da intimidade de toda população da região. A magra reunia um repertório imenso de almas levadas agonizantes ao inferno e as jubilosas, que subiam rapidamente para a felicidade eterna junto de Deus. Os dois amigos, a essa altura dos encontros, chamavam-se de compadre e comadre. Certo dia, ele reuniu coragem e fez o seu pedido interesseiro e derradeiro:

— Comadre, acho difícil te fazer um pedido que estou pra te fazer há tanto tempo, mas vou criar vergonha na cara e falar de uma vez!

— Que é isso, compadre? Entre nós não há mais segredo! No início, nossa amizade merecia um pouco de recato, mas agora não! Pode fazer o pedido que quiser que eu vou te atender! Amigos e compadres são para essas horas de necessidade!

— Ah, comadre, eu sempre tive muita vontade de morrer, andava desgostoso da vida, mas depois que te conheci e soube de tantos casos horripilantes do inferno, ando com medo demais desse dia inevitável para todos os seres viventes! Então o meu pedido é: será que a senhora pode me livrar desse dia?

— Sinto muito, compadre, porém isso eu não posso fazer! O dia que eu recebo as ordens de vir buscar alguém, eu tenho que vir! Essa é a minha missão!

— Ah, comadre, então deixa pensar noutro pedido! Será que a senhora pode pelo menos me dizer o dia que a senhora vem me buscar?

— Claro que posso, compadre! Isso eu te aviso com antecedência de uma semana, pode ser?

— Isso, comadre, me deixa mais aliviado. Terei tempo de me preparar!

Depois que a comadre se foi e refletindo os terríveis castigos que poderia receber na outra vida por ter sido um grande pecador, Jaconias, repentinamente, teve uma ideia e planejou algo mirabolante...

O tempo foi passando, as visitas da comadre sempre pontuais, enfim, numa bela tarde de domingo, a magra chegou airosa e foi logo dando a notícia:

— Compadre, chegou o seu dia. Recebi ordens superiores para vir buscá-lo no próximo domingo, neste horário. E aqui estarei...

— Sim, comadre, vou fazer muitas orações e pedir a Deus misericórdia de mim e perdão dos meus pecados. Estarei pronto...

Jaconias passou maus bocados, uma semana de pavor, não conseguia conciliar o sono e rolava pra lá e pra cá na cama a noite toda. E nos dias que se seguiram, conversou com seu cozinheiro, que também se sentia infeliz, queria morrer, e ambos armaram uma cena para enganar a comadre. Ele vestiu as roupas do cozinheiro, passou carvão na cara e nas mãos, colocou o avental e o chapéu do cozinheiro e foi para a beira do fogão. Vestiu o cozinheiro com seu terno branco, colocou nele o seu chapéu e assentou-o na cadeira de balanço que dava de frente para a estradinha. Sempre pontual, a comadre apareceu. Estendeu a mão gelada ao cozinheiro disfarçado de patrão, que estava assentado na cadeira de balanço, e foi caminhando pela casa adentro. O compadre falso foi atrás dela e falou:

— Comadre, a senhora veio me buscar hoje! Eu estou pronto!

— Não, compadre, você fica pra outra vez. Hoje eu vim aqui buscar aquele cozinheiro, o preto velho que está na beira do fogão...

4. A FAZENDA ABANDONADA

Muito além no horizonte perdido, a umas dezenas de quilômetros da última vila daquele município do agreste nordestino, havia uma fazenda cujas histórias fizeram-na célebre até os confins do estado. Era a fazenda Boa Morte. Imagina, leitor, se é possível pensar nesse nome sem um riso de gracejo e um arrepio de medo. Como se a morte fosse boa... Faça de conta que acreditamos e vamos à história da fazenda mal-assombrada...

Quando na minha casa da roça, nós, as crianças, ouvíamos essa história, à noite, antes de deitar, nós nos encostávamos nos adultos porque ficávamos com medo demais. Casos de assombração contados no escuro eram muitos, mas todos queriam escutar e faziam total silêncio para saber o desfecho.

A casa da fazenda ficava localizada ao lado esquerdo, à beira da estrada que seguia para o pé da serra, e continuava até as grimpas, descendo do outro lado, e ali encerrava seu curso numa longa várzea, circulando por todas as casas de moradores. Todas as pessoas daquela várzea, se quisessem ir à vila, tinham que passar pela mesma estrada, subindo e descendo a serra e passando ao lado da fazenda assombrada. Corria de boca em boca o boato – que de boato nada tinha, era pura verdade –, de que a fazenda tinha uma assombração que havia expulsado, sem deixar explicação, todos os moradores para os quintos dos infernos. Todos morreram de morte morrida, repentinamente, porém nenhum assassinado por brigas com os vizinhos ou qualquer contenda nas plantações ou entre eles mesmos. O boato era geral e podia ser constatado porque ninguém nunca mais viu um morador vivo daquela fazenda. Eles tinham cuidado com seus próprios mortos, enterrando-os pelo quintal afora nos arredores da fazenda. Que trágico! Não havia sobrado um sequer para contar o que realmente havia acontecido para que dos fazendeiros não sobrasse uma viva alma.

Entre os viajantes que precisavam passar pela estrada ao lado da fazenda, nenhum ousava viajar à noite e olhar, nem que fosse de longe, aquela fazenda mal-assombrada. A ênfase que davam às assombrações era tamanha que reforçavam dizendo mal-assombrada. E não somente assombrada que, em verdade, já designa o terror causado pela fazenda. Neste texto eu reforço o fato usando as duas palavras: mal-assombrada, por saber dos horrores que naquela fazenda aconteceram.

Era voz corrente que uma infinidade de viajantes que se aproximavam da fazenda para pedir pousada, não conseguiam conciliar o sono, porque as assombrações, os vultos dos outrora vivos e misteriosamente mortos, não deixavam ninguém dormir. Apareciam durante a noite para os que repousavam, mostrando-se como almas penadas, brancas figuras transparentes que vagavam pelos quartos e ameaçavam levar para o além-túmulo os cansados viajantes. Se não entravam pela porta dos quartos e apareciam na beira da cama, estavam na cozinha batendo panelas e pratos, dando gargalhadas na copa, e da sala se ouviam música de baile e o ruído dos casais dançando num efusivo e sinistro momento de euforia. Enfim, nunca alguém conseguia adormecer naquela casa que permaneceu abandonada por muitos e muitos anos.

Mas, como na vida – na morte também – nem tudo é para sempre, numa noite escura com relâmpagos e trovões, ameaçando cair um terrível temporal, vinha pela estrada um viajante de cara feia, gorduchão e com grandes bigodes, como uma vassoura espalhada sobre a boca. Vinha a cavalo e bastante destemido, pois, apesar de ter sido avisado pelos transeuntes locais de que não deveria passar pela fazenda durante a noite, não deu a mínima importância aos avisos e se aventurou a seguir seu caminho.

Vendo a fazenda próxima, não titubeou. Rumou seu cavalo para debaixo da casa, porque a construção era alta sobre toras de madeira, do estilo de fazendas antigas feitas pelos escravos. Amarrou o animal num toco embaixo da casa e subiu a escadaria que seguia até o alpendre de frente. Fazendo barulho com seus coturnos longos, entrou na imensa sala de visitas. Tudo em plena escuridão. Olhou ao redor das paredes e havia um grande corredor à sua frente, e viu várias portas, que eram de quartos. Entrou no primeiro quarto onde havia uma cama velha encostada na parede e alojou seu embornal de roupas em uma cadeira ao lado da mesinha. Saiu e caminhou pelo corredor, indo à cozinha à procura de algum lampião que pudesse acender para se acomodar melhor e ter a merecida noite de descanso, pois o dia havia sido difícil e a viagem, pior ainda. Pegou um lampião com um resto de querosene, colocou-o sobre a mesa, e como trazia sempre um isqueiro, acendeu-o. Então tirou do embornal um pão com linguiça que levava para comer durante a viagem. Desabotoou o cinturão com o revólver carregado de balas, assentou na cama, comeu a matalotagem e bebeu água do cantil. Bateu a poeira da cama e do travesseiro, apagou a luz do lampião e deitou aliviado e exausto. Relâmpagos, raios e trovões denunciavam a atmosfera carregada. Finalmente, a tempestade trouxe uma chuva torrencial. Nenhuma novidade até então... Acostumado às intempéries do tempo, fechou os olhos e começou a adormecer.

Não conseguiu dormir por muitos minutos. Logo ouviu um barulho parecendo um estrondo vindo do telhado e uma voz rouca, quiçá macabra, que vinha do seu lado, meio confusa e soturna, e soltou um sussurro:

— Eu caio!... Eu caio!...

O valente viajante levantou a cabeça do travesseiro, olhou por todo o quarto, não viu ninguém e, sem hesitar, destemidamente respondeu:

— Pode cair, ó gente!

Nisso, ouviu o barulho da queda no assoalho do quarto. Parecia que algo estranho e pesado tinha caído do telhado. Ele olhou para o piso e viu um braço estendido no chão. Nem se incomodou, virou para o canto e reiniciou seu sono tranquilamente. Nem tudo tinha terminado: ouviu novamente a mesma voz de alma do outro mundo falando do alto do telhado:

— Eu caio!... Eu caio!...

— Pode cair à vontade que eu não me importo!

Foi mais um barulho idêntico ao anterior. Caiu outro braço ao lado do que já permanecia ali. Mais uma vez, ele deu uma mirada para o assoalho e continuou a dormir. Não passou muito tempo e a voz macabra voltou a despertá-lo:

— Eu caio!... Eu caio!...

O viajante, meio insatisfeito, retrucou sonolento:

— Cai, cai, cai e não me perturbe mais!

O ruído da queda foi mais intenso. Veio do teto uma perna, que se colocou perto dos dois braços e prostrou-se no meio do assoalho. O viajante não se perturbou com os membros estendidos ao seu lado e conciliou outra vez o sono. O cansaço era demais e nada o amedrontava. Assim dormindo foi até mais de meia hora, e estrondou uma vez mais aquela voz ameaçadora:

— Eu caio!... Eu caio!...

— Já me cansei de sua voz e de suas quedas. Cai logo e me deixa dormir, trem ruim!

Pra quê! A segunda perna se atirou do alto e se colocou ao lado da outra perna. Estavam ali os quatro membros humanos que, claro, não eram de gente vivinha da silva, mas de alguém falecido vindo do mundo dos mortos. Impassível aos acontecimentos fúnebres daquele momento, o cavaleiro viajante permaneceu tranquilamente, na tentativa de um bom sono, até a madrugada, quando deveria acordar bem cedo para dar continuidade à sua viagem. Aquela voz não silenciou: foi ouvida e, desta vez, falava com mais firmeza:

— Eu caio!... Eu caio!... Preciso cair, homem!...

— Precisa cair pra quê? Pois caia de uma vez e me dá sossego, sua alma penada!

Desta vez, a queda do telhado foi um verdadeiro estrondo. Tão alta que ele levou um tremendo susto e pulou da cama furioso com tamanho desassossego. Quando olhou para o lado, viu uma cabeça e um tronco entre os membros. As peças que caíram se juntaram rapidamente e formaram o corpo de um homem, que se levantou, tomou a forma normal de uma pessoa viva e se dirigiu ao viajante. Ele se colocou de pé e os dois se enfrentaram cara a cara, embora num ambiente de penumbra noturna. O primeiro que falou foi o viajante corajoso que, embora surpreso, não manifestou o mínimo medo diante daquele corpo estranho que apareceu misteriosamente, caindo aos pedaços do telhado da fazenda, e logo perguntou:

— Ô cara, quem é você? O que que veio fazer aqui perturbando o meu sono e não me dando sossego até essa hora da noite?

— Eu sou o antigo dono desta casa, e como não tenho mais herdeiros e ninguém que vem dormir aqui na minha antiga fazenda tem coragem de me ouvir e esperar eu chegar, eu tenho uma notícia muito boa para o senhor...

— Que notícia vinda do fundo dos infernos pode ser boa pra mim? O melhor pra mim é você sumir e me deixar em paz!

— Não, amigo, de jeito nenhum. Eu não posso ir embora para sempre se o senhor não for comigo lá embaixo da casa! Isso é muito importante pra mim! Venha comigo e eu direi o que eu vim fazer aqui pela última vez.

O viajante acendeu o lampião e acompanhou o homem fantasma até o local indicado dentro de um pequeno porão velho debaixo da casa. O aparecido do alto pegou uma cavadeira e autorizou o viajante a cavar num canto. Depois de cavar e cavar bem profundo, bateu o instrumento em algo duro e encontrou uma grande panela de ferro. Levantou com as mãos a panela, destampou-a e... que grande surpresa! Encontrou uma quantidade imensa de joias e pedras preciosas, que pesavam demasiadamente a panela. O fantasma tomou a palavra e fez seu último pronunciamento ao corajoso viajante:

— Amigo, eu tenho tentado aparecer para todos os homens que vêm pra uma pousada na fazenda, mas até ontem não consegui um sequer que conseguisse me ouvir. Todos saíam correndo desesperados de medo. Somente o senhor foi um corajoso que não manifestou nenhum medo de mim. Eu sempre querendo encontrar alguém para entregar tudo que enterrei aqui. Logo e, felizmente, nesta noite eu encontrei. Então é o senhor que levará minha fortuna como prêmio de sua coragem. Eu preciso ir para o descanso eterno e agora me despeço. Adeus. Faça bom proveito e fique dono da fazenda também!

— Que bom! Pelo menos valeu a pena não dormir por sua causa! Obrigado!

5. PAPELZINHO MISTERIOSO

Certa vez, o menino Zezinho, de apenas cinco anos, que ainda não sabia ler, estava sozinho a caminho da escola e encontrou na rua um papelzinho dobrado com bastante cuidado e jogado no cantinho da calçada. Abriu-o e viu alguma coisa escrita em algumas poucas linhas. Eram letras de forma, mas feitas à mão e muito bem traçadas, embora estivessem num papel branco, pequeno e sem pauta. Segurou o papelzinho com muito cuidado e colocou-o no bolso da blusa do uniforme, para que não ficasse muito amassado. Pensou logo no que poderia estar escrito ali. A curiosidade falou mais alto. Fez algumas suposições enquanto observava à sua frente um grupo de meninas adolescentes, que falavam incessantemente e davam altas gargalhadas, sem se incomodar se estavam em ambiente público ou reservado. Pensou que o papelzinho pudesse ter caído da bolsa de alguma delas, mas como não viu, supôs que o misterioso papelzinho branco poderia ter sido perdido por outra pessoa. Talvez alguém adulto muito importante, quem sabe? Chegando à sala de aula, levantou-se da carteira e foi logo à mesa da professora pedindo:

— Professora, eu vinha de casa agorinha mesmo e passava na calçada direita da rua quando encontrei no chão esse papelzinho, que guardei aqui no bolso. Como eu ainda não aprendi a ler, a senhora pode, por favor, ler o que está escrito pra mim?

— Claro, Zezinho. Me dá aqui que eu leio pra você!

Que decepção para Zezinho! Assim que a professora leu, fechou imediatamente o papelzinho, devolveu ao menino e ficou furiosa, andando pra lá e pra cá dentro da sala de aula. Passava a mão na testa e olhava o aluno de cara feia. As outras crianças ficaram completamente silenciosas e olhavam estupefatas por verem a atitude estranha da professora. Parecia que ela queria gritar com o aluno, mas não. Trancou a boca num gesto de fúria, ficou quase muda, revirando os olhos de espanto. Repentinamente, segurou Zezinho pelo braço e o levou para o gabinete da diretora, vociferando:

— Diretora, este aluno nunca mais põe os pés em minha sala de aula! Não quero vê-lo nunca mais, nem pintado de ouro!

A diretora, surpreendida pela atitude da professora, que sempre foi tão paciente, amiga dos alunos e exemplo de educadora, olhou para o garoto e lhe dirigiu a pergunta óbvia:

— Zezinho, o que foi que você fez de tão grave para que a professora não o aceitasse mais em sala de aula?

— Não sei, diretora... Eu vinha pra escola e encontrei na rua esse papelzinho, e como eu ainda não sei ler, eu pedi à professora pra ler pra mim e ela, furiosa, me trouxe pro gabinete e não leu.

— Ah! Pobrezinho! Que injustiça dessa professora! Fazer isso com uma criança tão ingênua!

— Diretora, a senhora pode ler pra mim o que está escrito nesse papelzinho?

— Claro, meu aluninho! Isso é muito fácil! Me dê aqui que eu leio logo!

Quando a diretora abriu o papelzinho e leu o que estava escrito, mudou de cor: de morena ficou branca, com uma palidez terrível. Segurou o menino pelo pescoço, empurrando-o para fora da sala, levou-o até à porta da escola e gritou bem alto:

— Desapareça dessa escola para sempre! Um aluno como você não quero nunca mais! Está expulso para sempre e totalmente proibido de chegar até na porta desta escola!

Zezinho se sentiu arrasado. Não sabia o que fazer e, na porta da rua, começou a chorar. Caminhava na direção de sua casa e soluçava tanto que despertava a atenção de todos as pessoas. Encostou num muro perto da primeira esquina daquela rua onde estavam dois policiais. Um deles se apiedou do menino naquele vale de lágrimas, aproximou-se, colocou a mão sobre a cabeça do pequeno, acariciando-o, e disse com voz macia:

— Mas, meu pequeno, o que foi que aconteceu pra você chorar assim? Quem foi que te bateu? Pode falar comigo que eu estou aqui pra te proteger! Nós, os policiais, temos que ajudar as pessoas. Pode me dizer que eu vou tomar as providências pra que ninguém o maltrate!

O menino enxugou as lágrimas na manga da blusa e, aliviado por encontrar alguém que finalmente o compreendesse, falou em voz baixa, mas ainda soluçando:

— Seu guarda, não sei o que fazer. Tudo aconteceu assim: eu estava indo pra escola e olhava pro chão, e encontrei esse papelzinho na calçada. Aí, eu cheguei na escola e fui lá perto da professora. Dei a ela o papelzinho e pedi se ela podia ler pra mim. Sabe o que ela fez? Nem leu, seu polícia! Me segurou pelo braço, quase me machucando, e me levou pro gabinete da diretora.

— E aí, menino? O que aconteceu no gabinete da diretora?

— Ela fingiu que estava com pena de mim e pegou o papelzinho pra ler. Depois, me empurrou pelo pescoço pra porta da rua e até falou que eu nunca mais posso estudar na minha escola!

— Mas que absurdo é esse, criança?! Uma criança não pode ficar fora da escola!

— O que eu quero agora é só saber o que está escrito nesse papelzinho! Será, seu guarda, que o senhor pode ler pra mim o que está escrito aqui?

— Sim, doce criança! Me dá esse papelzinho misterioso. Já vou ler pra você...

E o menino entregou o papelzinho ao policial. Ele, depois de abrir o bilhete, não se conteve. Ficou paralisado, com os olhos esbugalhados e exclamou:

— Menino dos infernos! Onde foi que você arranjou esse papelzinho maldito? Vem, vem já comigo pra delegacia! Vou levar você ao delegado de polícia pra acertar as contas com você! Lá ele vai saber o que fazer com um menino insubordinado como você! Passa na frente, anda já!

— Mas, seu guarda, eu só quero saber o que está escrito nesse papelzinho! Não me leva não, senhor!

— Vou te dar o que você merece, moleque safado!

E, chegando à delegacia, entregou a criança ao delegado, dizendo:

— Senhor delegado, esse menino fez uma coisa horripilante e vai se entender com o senhor.

— Ó, claro que sim... Mas o que uma criança dessa idade vem fazer numa delegacia, gente? Chega pra cá, menininho, e me conta sua história e o que aconteceu. Por que o policial ficou tão bravo com você, um anjinho desses?

— Ah, seu delegado, isso é uma injustiça comigo. Eu não pedi nada demais. Eu só entreguei esse papelzinho que encontrei na rua pra minha professora e pedi que ela lesse pra mim. Ela ficou muito zangada e me levou pro gabinete daquela malvada diretora. Aí, eu pedi à diretora se ela podia ler e me dizer o que está escrito nesse papelzinho. O senhor nem imagina: ela também se mostrou brava demais, não leu e me colocou porta afora da escola. Agora eu estou expulso. E quando fiquei na rua, aquele polícia teve pena de mim, ficou tão bonzinho, aí eu pedi a ele pra ler pra mim o papelzinho. Ele falou que ia ler, mas sabe o que ele fez, delegado? Com muita raiva, ele não leu e me botou pra frente até aqui, pra contar ao senhor isso tudo. Seu delegado, eu estou muito triste mesmo. Ninguém, mas ninguém, quer ler o meu papelzinho! O senhor, que é o chefe dos polícias e sabe ler muito bem, faz esse favor pra mim? Leia tudo, que eu quero saber o que está escrito aí.

— Não fique triste, criança! Pois me dá esse papelzinho que eu não me nego a fazer um pequeno favor pra uma inocente criança! Eu leio agora pra você, meu pequeno!

Assim que abriu o papelzinho, o delegado pareceu transtornado. A braveza era tamanha, que seus cabelos se arrepiaram, o bigode tremia de raiva e sem dizer muitas palavras, apenas comentou enraivecido:

— Agora, seu moleque safado, você vai ter o que merece. Ficará para sempre preso.

Deu um grito ensurdecedor ao guarda das celas de prisioneiros e, aos berros, mandou que levassem o menino para a prisão. E que prisão! Era uma cela pequena, escura, onde havia umas gotas d'água que noite e dia pingavam na cabeça da criança. O nome da cela era masmorra, tal como existiam nas prisões da Idade Média.

Naquela cadeia antiga, o garoto permaneceu preso por muitos dias, sem ver a luz do sol, numa cela úmida e molhado com as gotas d'água na cabeça. Não passou muito tempo e o infeliz garoto adoeceu, com uma terrível tosse e febre alta. Nenhum policial se apiedou dele e o pequeno tossia sem parar. Desse modo, ele adormeceu e descansou do seu sofrimento naquela masmorra. Morreu e, lógico, como um anjo, foi direto para o céu. Quanta alegria! Lá foi recebido por São Pedro, que abriu a porta sorrindo e lhe disse, muito feliz:

— Oh! Seja bem-vinda, minha doce criança! Tão novinho e já deixou a vida na Terra e veio para a eternidade. Aqui você será muito feliz. Com nada vai se preocupar. Todo o céu se alegra por ter você conosco! Mas me diz por que veio assim cedo para junto de nós. De que você morreu, meu anjinho?

— São Pedro, é uma coisa difícil até para o senhor acreditar. Foram tantas coisas que me trouxeram ao céu... Um dia, eu estava indo pra minha escolinha e, passando numa calçada, vi esse papelzinho jogado num cantinho. Aí eu peguei e levei pra escola e, inocentemente, pedi à bondosa professora pra ler pra mim. Sabe o que ela fez? Enfurecida, não leu e me levou pra sala da diretora. E esta era muito brava, sabe? Eu contei a ela o que tinha acontecido na sala de aula e, naquele momento, ficou toda boazinha, e eu pedi que ela lesse pra mim o papelzinho. Na mesma hora, ela abriu e leu. Pra quê! Também ficou furiosa, não leu o que eu queria saber e, veja o senhor, me expulsou da escola.

— E daí, Zezinho, até você morrer? Como foi?

— É uma história comprida, São Pedro. Aí eu fui tocado pra rua e fiquei chorando na esquina. Um policial ficou com pena de mim. Eu contei tudo pra ele e pedi, com muito jeitinho, se ele podia ler o papelzinho. Ele me fez carinho na cabeça e disse que ia ler. Logo que ele pegou o papelzinho, o malvado não leu e me levou pro delegado. Lá foi um sofrimento.

— E o delegado, leu pra você o papelzinho?

— Não, senhor, não leu. Eu não entendi nadinha, São Pedro. Eu precisei contar tudo outra vez... que eu achei o papelzinho na rua e na escola a professora não leu pra mim; não me bateu, mas, zangadíssima, me levou pro gabinete da diretora. A malvada diretora primeiro falou que ia ler, mas quando estava com o papelzinho na mão, me olhou como se eu fosse um malfeitor e me expulsou da escola e não me disse o que tinha lido.

— E depois, criança, o que falou o delegado?

— Nem achou justo ter uma criança levada à delegacia pelo policial. Perguntou o porquê de eu estar ali. Precisei contar tudo outra vez. O delegado parecia bonzinho comigo e falou que era um absurdo levar uma criança inocente pra delegacia por causa de um simples bilhete achado na rua. Aí, São Pedro, eu aproveitei e pedi a ele pra me ajudar e ler o papelzinho pra mim. Foi o pior de tudo, meu santo. Depois de olhar o que estava escrito no papelzinho, ele berrou como um boi furioso e me mandou pra prisão. Numa cela escura, pequenininha e com água pingando noite e dia na minha cabeça, eu fiquei doente e morri. Aqui cheguei depois que Deus viu minha alma depois de morto.

— Pobre menino! Uma história tão longa pra me contar a grande injustiça que você sofreu na Terra. Lá é assim mesmo, os homens não fazem julgamentos justos e sacrificam os inocentes. Aqui, você está melhor e não vai mais sofrer.

— É verdade, São Pedro. Ficou só uma coisa que eu não resolvi lá embaixo. Ainda estou curioso com esse papelzinho. O senhor, que é o porteiro do céu, vai me dar uma ajudinha e vai ler tudo desse papelzinho? Eu estou aflito demais...

— O que uma criança inocente como você me pede que eu não posso atender, gente?! Passa aqui o papelzinho e leio logo o misterioso escrito!

Uma vez mais, que surpresa para Zezinho! São Pedro, de posse do papelzinho, transformou sua fisionomia em autoridade máxima e parecia o inimigo vingador. Sem dizer uma palavra, agarrou o garoto pelos cabelos e o jogou porta afora, esbravejando:

— Criança amaldiçoada! Seu lugar é no quinto dos infernos! Já pra lá! Nem merecia ter vindo aqui no céu pra me fazer um pedido miserável desses! Suma e nunca mais me apareça aqui! O céu é lugar de pureza de almas e a sua está imunda, cheia de pecados!

O menino desceu para o inferno chorando compulsivamente. A descida foi longa e chegando na porta do inferno, ouviu terríveis barulhos que vinham de dentro. Bateu na porta e o diabo abriu todo feliz, e foi logo exclamando:

— O quê? Uma criança pro inferno?! Não pode ser. O seu lugar, menino, não é aqui. Volta pro céu. Aqui não tem alma de criança. Só entra gente grande que cometeu muitos pecados na Terra. Nessa idade você não tem pecado e eu não posso te receber!

— Eu tenho que ficar aqui. São Pedro que me mandou pro inferno.

— Mas como, se ele sabe que criança não tem pecado? Me conta tudo direitinho, garoto!

— Eu conto, seu diabo. Tudo começou lá na Terra. Eu não sei ler e ia sossegado pra aula quando vi na rua esse papelzinho que trago até hoje comigo. A culpa de tudo é o que está escrito neste danado de papel. A professora começou a aula e eu fui na frente da classe e contei que tinha achado o papelzinho na rua e perguntei se ela podia ler tudo que estava escrito. O senhor vai levar um susto de saber! Ela não leu, me pegou pelo braço e me levou brava demais pra diretora. Naquela sala da diretora, eu falei tudo com ela e implorei que lesse o papelzinho, que eu ia ficar satisfeito. Muito surpresa com a atitude da professora, ela pegou o papelzinho, abriu e ficou com mais raiva ainda. Colocou a mão no meu pescoço e me tocou dali. Fui expulso da escola e para sempre. Andei pela rua chorando e, numa esquina, um guarda me achou. E eu só disse tudo que tinha me acontecido na escola. Ele estava tão legal que eu pedi pra ele ler o papelzinho. Ele não falou mais nada. E sabe o que ele fez? Me arrastou pra delegacia e, lá, o delegado nem queria que eu explicasse muito. Assim mesmo eu tive que falar tudinho.

— Que fez o delegado com você, menino?

— Depois da minha longa explicação, eu supliquei a ele para ler o meu papelzinho, e foi outra fúria contra mim. Também ele não leu e mandou me jogar na cela fria, sem sol e com um pingo d'água bem aqui na minha cabeça. Eu não comia direito e fiquei muito doente, com febre e tosse, tremendo de frio e morri. Minha alma foi direto pro céu. E São Pedro, igualzinho aos outros, não me entendeu. Ouviu minha história até o fim e depois de ficar todo amável comigo, eu senti que ele ia me atender e fiz aquele pedido. Coloquei o nome de todos os santos na frente e supliquei para que ele lesse o papelzinho pra mim.

— São Pedro não podia mesmo negar um pedido de uma inocente alma de criança, não é mesmo, Zezinho?

— O senhor está enganado. Ele não é bonzinho como eu e o senhor pensamos não. Foi a mesma coisa de sempre. Ele pegou o papelzinho com aquelas mãos que seguravam a grande chave da porta do céu, com os dedos muito compridos e, em pé, na minha frente, abriu o papelzinho, mudou o rosto de bom em pessoa muito má e justiceira. Segurou-me pelos cabelos e empurrou-me porta abaixo, gritando que o meu lugar é no quinto dos infernos.

— Estou muito assustado com a atitude do porteiro do céu! Fazer isso com um inocente garoto como você, Zezinho! Estou decepcionado com essa atitude de São Pedro!

— Por tudo isso eu vim parar aqui, seu diabo. Enfim, resta só uma coisa que eu preciso saber pra ficar aqui sem chorar tanto.

— Criança, peça tudo o que você quiser que eu atendo com o máximo prazer. Fala depressa porque aqui tudo é perigoso.

— Eu não consegui matar a minha curiosidade de saber o que está escrito neste papelzinho. Já não aguento mais de tanto implorar uma coisa tão simples! Será que o senhor lê pra mim agora?

— É evidente, menino. Dá cá que eu leio...

O diabo, com aquele riso satânico que lhe é próprio, estendeu a mão para pegar o papelzinho, mas o imprevisto aconteceu: havia naquela região um fogaréu tremendo, o vento zumbia em todas as direções, as almas sofredoras agonizavam no meio das chamas do inferno. Com o vento forte, o papelzinho escapou da mão do diabo e os dois viram o tal papelzinho branco, ainda dobrado, parar no meio do fogo e logo virar cinza. E, assim, até hoje ninguém soube o que estava escrito naquele papelzinho.

6. VIAGEM DE TREM

Retrocedendo a meados do século XX, vivíamos na roça, num sítio pequeno. Vida humilde e de família pobre, de pessoas comuns, como as outras que habitavam aquela região. A sequência dos dias e das noites, os fenômenos atmosféricos, eram fortemente perceptíveis e intensos. Tudo diferente para os observadores da natureza. O ciclo diário tinha início com a aurora matinal, vinha se manifestando o sol do amanhecer, fortalecendo-se a pino pelo meio-dia; mais tarde o crepúsculo e, finalmente, a noite que avançava. Era hora de ir para a cama e descansar das lidas do dia no silêncio das noites, apenas perturbado pelo coaxar dos sapos, o chamado das corujas, grilos e rãs fazendo a toada noturna. Não se rezava nas Ave-Marias, mas na hora de deitar era obrigação diária e sagrada.

O sol era mais brilhante, as chuvas mais intensas e regulares, anunciadas com o desaparecimento do astro-rei e o escurecimento da abóbada celeste, cujas nuvens cinza-escuras perambulavam pelo céu. Relâmpagos, raios e trovões marcavam os dias de tempestade que despejavam a fúria dos céus com mais intensidade na estação do verão. As noites eram mais claras pela iluminação das estrelas e da lua. Se observássemos o céu em noites de lua cheia, víamos as estrelas cadentes, fenômeno inexplicável aos nossos parcos conhecimentos de Astronomia. No céu, a Estrela D'Alva permanecia no mesma posição, do lado sul, quase se escondendo no horizonte da serra detrás da casa. Procurávamos o Cruzeiro do Sul e nos deslumbrávamos com as Três Marias sempre juntas. Ambiente propício aos casais de namorados, que se colocavam na varanda ouvindo o campeiro dedilhar as cordas do violão, numa melodia saudosa, de valsinhas, xotes, samba-canção e um sertanejo bem caipira.

Havia o hábito de fazer visitas aos vizinhos, às vezes à tarde ou à noitinha, principalmente em noites de luar. As pessoas iam caminhando pelas estradas estreitas em fila, nunca uma ao lado da outra. Por isso, hoje em dia se diz para os dançarinos fazerem o caminho da roça na dança da quadrilha, na mudança de passo nas Festas Juninas. Se não visitássemos alguma família nos sábados à noite, íamos aos bailes na roça, na casa dos colonos, que rodopiavam a noite inteira ao som de uma sanfona arretada. Na cozinha, serviam-se de café com broa de fubá grosso. Tudo era muito bom e, desse modo, fugíamos da rotina semanal com um pouco de diversão nos finais de semana.

Idas à cidade eram raras, mas não para todos da família. O pai, a mãe e dificilmente uma moça viajavam até a vila a cavalo, e um ônibus circulava dois dias por semana, levando os passageiros a uma cidade maior. Recolhia as pessoas de manhã e trazia à tardinha nas segundas e quintas-feiras. Quem fosse à cidade na segunda-feira, para resolver muitas coisas, nem sempre conseguia voltar no mesmo dia, então pousava na casa de parentes que ali viviam enquanto esperava chegar a quinta-feira para retornar no mesmo ônibus à tarde. Ruim se não tivesse parentes ou amigos para ficar com eles por esses dias. O último recurso era pagar três pernoites numa pensão que, naquele tempo, hospedava as pessoas e eram sempre mantidas por famílias e para receber estranhos de bons costumes.

Poucas famílias da roça tinham parentes no Rio de Janeiro, e a nossa era uma delas. Periodicamente, parentes e amigos da distante cidade da capital apareciam para nos visitar. Vinham abarrotados de presentes para toda a família. Nosso pai ganhava cortes de tecido de cáqui para fazer calça; tecidos estampados para a mãe; as moças recebiam pares de sapatos, cetim ou organza, para que a costureira fizesse lindos vestidos. Lembro-me de um cetim cor-de-rosa que minha irmã ganhou e fez um vestido de cintura fina e saia rodada, Dentro daquele precioso vestido de baile, ela parecia uma princesa dos contos de fadas. As crianças eram regaladas com brinquedos nunca vistos: caminhões de madeira puxados por uma cordinha pelos meninos, que passeavam pelo assoalho da casa. Para a menina vinham sempre bonecas meio exóticas, como pequenas bruxas, mas uma vez trouxeram uma boneca de papelão enorme que mais parecia uma criança de verdade. A boneca foi alvo de inveja das meninas mais pobres da escola e objeto de tantas brincadeiras! Durou anos sem ser estragada, quando um dia foi deixada embaixo da janela, levou água de chuva forte e o papelão envelhecido começou a esfacelar. Que pena!

Pela primeira vez, a mãe se organizou para ir com duas filhas moças ao Rio de Janeiro. Todas as mulheres da casa eram totalmente provincianas. Nada conheciam da cidade grande e o único alcance geográfico de suas andanças tinha sido a cidade pequena mais próxima que faziam viajando de ônibus. O modelo dos lotações, muito antigo, pintado de azul claro, tinha na frente um motor avançado e a entrada lateral ao lado do motorista era a mesma da saída. Os assentos feitos de plástico meio rasgados e antigos. Esse modelo de ônibus ainda existe em alguns países da América Latina. No Paraguai, eu viajei em alguns que tinham os bancos de madeira e a caixa de dinheiro ao lado do motorista também de madeira. Tudo precário demais, embora tenha encontrado também ônibus modernos naquele país.

Chegando à cidade, mãe e filhas foram para a casa da tia, pernoitaram uma noite e, bem cedinho, dirigiram-se à estação para esperar a chegada do trem de ferro que as levaria à capital federal. Conduziam uma mala de papelão grande recheada de roupas. Na mão, levavam os presentes da roça como queijos, goiabada feita em casa, doce de coco, de mamão e de leite para os parentes da casa onde iam ficar no Rio. Noutra bolsa levavam um frango com farofa para comerem durante a viagem, que deveria ser longa. Passando na padaria, compraram um pacote de pão sovado e levavam uma lata com pedaços de carne de porco frita para rechearem os pães e matarem a fome antes de chegar ao destino.

Viagem divertida ao extremo. Mil novidades dentro daquele vagão de trem! Ao dar a partida, o trem fez um terrível barulho, arrancando com pressão os vagões e apitando bem alto, jogando para trás os passageiros que ainda não tinham tomado assento. As crianças gritaram de susto, depois foram acomodadas em seus lugares. O trem corria naturalmente, soltando um apito a cada curva da estrada de trilhos, com o propósito de avisar os que estivessem na frente para se afastarem porque o perigo estava chegando. A viagem era lenta e quiçá romântica, por permitir aos passageiros apreciarem a paisagem, os campos, o gado, as plantações, pontes e cruzamentos de linha. Em cada povoado, vila ou arraial por onde passava, o trem parava por algum tempo, permitindo a descida de alguns passageiros e a subida de outros. Um vaivém dentro do trem que só acalmava se a distância entre as paradas fosse grande. O trem deu partida da primeira cidade às 8 horas da manhã, com previsão de chegada ao Rio de Janeiro às 20 horas, portanto 12 longas horas de viagem.

Ouvia-se de tudo: crianças chorando, espremendo as pernas para fazer xixi; outra menina de uns 10 anos chupando chupeta e encolhida no canto do banco de madeira; bebês naturalmente sendo amamentados no peito da mãe, à vista de todos; jovens vomitando pelo chão do vagão; homens e mulheres gorduchas roncando na maior altura e com roncos diversificados, ora finos, ora altos, ora assobiando. As matalotagens sendo servidas pelas matronas aos seus rebentos, comendo frango assado e entornando farofa do recheio pelos bancos; alguns pedindo mais e outros jogando os ossos pela janela; cascas de banana sendo jogadas para fora; café servido em canecas de ágata para os companheiros. No momento em que o trem parava numa estação, as pessoas saíam em disparada para procurar um sanitário para desocupar a bexiga abarrotada. Voltavam às pressas para seus lugares. Por volta do meio-dia, no momento em que as pessoas entravam no trem para embarcar, uma senhora, muito gorda, com saia de chita no comprimento do tornozelo, ao lado do meu banco, ficou em pé, disparou a bater a saia nas pernas e exclamava:

— Que calor no trem! Gente, o que que é isso? Tô sentindo calor no trem pior que brasa de fogueira!

Os outros viajantes ao lado da criatura se entreolharam e não se contiveram. Foi aquele risinho disfarçado. Ela nem se incomodou com o riso das pessoas, assentou e continuou batendo a saia nas pernas e falando bem alto:

— Que calor no trem! Assim eu vou morrer assada, meu Deus!

As cenas ficaram inesquecíveis. Depois de muita distração, finalmente o trem apitou denunciando a entrada na bela cidade capital do Brasil.

7. CORREMUNDO

Numa cidade maior vivia uma mulher, advogada, solteiríssima e alta funcionária do Poder Judiciário Federal. Levava uma vida invejável, a correr mundo em todas as férias anuais, que eram por dois meses intercalados periodicamente, ou seja, regularmente em um mês a cada seis meses. Passeava exclusivamente em excursão por boas companhias de viagens que a conheciam, e ela era comunicada sobre o roteiro que deveria escolher com bastante antecedência. Nessas agências cativou amigos que conheciam suas preferências e lhe programavam o roteiro conforme seus gostos. Viajava pelo mundo todo, países europeus, americanos, asiáticos e africanos. Percorria quase todos, a ponto de ter viajado a determinados países por duas a três vezes.

A Corremundo - assim vou chamá-la neste conto -, parece que comeu canela de cachorro; tinha mil histórias de locais comuns e exóticos que conheceu. Para certos lugares ela dizia que jamais voltaria: conheceu a Ásia e se assustou com as culturas orientais, citando o Laos, a Coreia do Norte, o Nepal e a Índia. Viajou pelo centro da África, prometendo a si mesma nunca mais voltar. No Egito esteve apenas uma vez. Contou certos costumes totalmente diferentes dos dela que, se fossem para uma pesquisadora de Antropologia, teria ótimos resultados. Na cidade do Cairo viu verduras espalhadas pelo chão de uma feira, então a sopa com essas verduras, servida no hotel à noite, não descia na garganta. Não conseguia comer certas comidas, passou tanta fome que, no regresso da viagem, chegou ao aeroporto e desmaiou, tamanha era a fraqueza que sentia por não conseguir se alimentar. Em compensação, encantava-se com a receptividade na Indonésia, na Malásia e na Nova Zelândia. Visitou as Muralhas da China e esteve no Japão por diversas vezes; conheceu até o Caminho da Seda e o de Santiago de Compostela, na Espanha. Preferia os países da Península Esandinávia, sempre visitados no verão.

Corremundo trazia lembranças típicas de todos os lugares e presenteava as amigas. O apartamento onde morava ficava abarrotado de objetos das viagens: telefone do Japão, leques da Espanha, porcelanas chinesas belíssimas, tapetes orientais, xícaras francesas, aromas para banho turco, louça de cozinha inglesa. Na parede da sala tinha uma prataria, sendo um prato de cada país. Xales de pele de búfalo da África do Sul, talheres dourados do Canadá, botas australianas, enfim, havia uma diversidade tão grande de enfeites do exterior que um visitante ficava boquiaberto ao ver tantas relíquias de viagens num espaço do apartamento de cobertura.

Enquanto jovem, deixou a casa dos pais e foi estudar no Rio de Janeiro, indo morar numa pensão com diversas moças, todas vindas do interior. Formou-se no curso de Direito. Concomitante aos estudos, por um apadrinhamento de um deputado, conseguiu um bom emprego no governo estadual e, prematuramente, foi aposentada nesse emprego. Prestou concurso para a Justiça Federal e foi aprovada, passando a receber um salário maior ainda, o que juntou aos seus vencimentos da aposentadoria. Graças ao seu novo emprego, optou por realizar seus sonhos de conhecer o mundo.

Solteira e vivendo sozinha no apartamento, recebeu uma sobrinha, a quem ajudou a se formar na mesma carreira. De família pequena, com apenas um irmão, os pais faleceram e a sobrinha era a pessoa da família mais próxima a ela. O pai dessa sobrinha, irmão de Corremundo, perdeu a esposa num acidente e vivia isolado numa pequena chácara no sul do estado do Rio de Janeiro. Triste fim teve seu irmão, encontrado morto pelo zelador da chácara, e à Corremundo restou simplesmente a sobrinha, que se casou e foi morar noutra cidade.

Praticamente sem família, Corremundo tinha um círculo grande de amigas. Eram outras advogadas, suas colegas da Justiça, professoras, vizinhas e ex-colegas que conviveram com ela na pensão para moças no bairro de Rio Comprido. Conservadora, mantinha sempre o mesmo grupo de amigos e celebrava o retorno das viagens com recepção em seu apartamento. A cada viagem completava mais seu currículo de viajante. Uma das amigas dizia que Corremundo havia viajado em todas as companhias aéreas do mundo e ficava mais nos ares do que em terra.

Como a vida do homem sobre a terra não está isenta de enfermidade, esta chegou precocemente para Corremundo. Ela precisou se aposentar logo após os 60 anos. Enquanto tinha saúde, nunca quis comprar um carro e contratou um motorista particular para que a conduzisse para onde quisesse. Foi desse serviço prestado por alguém em quem ela confiava plenamente que o fato mais marcante de sua vida veio a suceder. Já debilitada pelo esquecimento que estava avançado, ela ficava em casa aos cuidados de enfermeiras. Todos os seus amigos foram surpreendidos com a aproximação do motorista e intimidade que ele estava tomando na vida dela. Em realidade, foram percebendo que ela estava com distúrbio comportamental, um quadro avançado de demência senil. Certo dia, uma de suas amigas ficou chocada ao chegar ao apartamento dela e ele, abraçando-a nos ombros, disse:

— Eu e a Dindinha vamos nos casar.

Ele a chamava com o apelido carinhoso de Dindinha. A intimidade do motorista já estava incomodando os amigos ao perceberem que ela não estava com a memória perfeita. E daí em diante, ele a bajulava cada vez mais. Passava o dia no ponto de táxi trabalhando e frequentava o apartamento dela para almoçar e fazer o lanche da tarde. À noite, as amigas o encontravam assentado na sala, assistindo à televisão ao lado dela. Assim os meses foram passando e Corremundo não teve mais condições de viajar; a doença do Alzheimer a afetou mais rapidamente. As amigas comunicaram à sobrinha, que veio para providenciar a internação numa casa de repouso no mesmo bairro em que ela residia. Ela havia contribuído para essa casa de repouso enquanto estava na ativa.

Nesse ínterim, a sobrinha precisava retornar aos seus afazeres e, com um laudo médico esclarecendo o estado mental da tia, solicitou à Justiça que a nomeasse sua Curadora, porque alguém precisava intervir na situação financeira dela, a fim de sanar os compromissos com o apartamento e outros com a saúde da tia. Recebendo do juiz a autorização legal, a sobrinha foi consultar os extratos bancários da tia e... que decepção! Todos os conhecidos sabiam que o dinheiro dela depositado nos bancos era uma quantia vultosa.

A movimentação financeira havia sido imensa desde poucos meses atrás e de forma bem arquitetada por um dos piores gatunos. Mais de dois milhões tinham sido retirados por muitos e muitos cheques.

Ela contratou um bom advogado e um investigador particular para tentar saber quem havia sacado tanto dinheiro com cheques ou em caixas eletrônicos. A causa levou meses, com a análise minuciosa das câmeras de segurança dos bancos e o rastreamento dos dias de desconto dos cheques. Foram usados diversos talões de cheques. Foi uma longa causa e um investigador descobriu que o motorista de táxi havia comprado o próprio táxi e toda a frota do seu ponto. Também havia adquirido uma casa de veraneio em uma cidade vizinha, comprado um sítio e reformado a casa onde residia com a família. A investigação ocorreu durante dois anos e, finalmente, o resultado da prisão do suspeito e intimação para devolução dos bens. E o processo continuou até que a família fosse ressarcida dos prejuízos.

A sobrinha internou Corremundo na casa de repouso. Ela recebia a visita das amigas, mas não conhecia ninguém. Falava palavras desconexas e se abateu cada vez mais. Ficou acamada, vindo a falecer após longa ausência da realidade.

8. MUNDO ERRADO

Dentre as fábulas que ouvi na minha infância enquanto assentávamos ao lado dos pais, ao redor da mesa da cozinha, nos bate-papos do anoitecer, havia muitas contadas pelos mais velhos. A casa em que vivíamos era um verdadeiro lar, querido pelos filhos, parentes e amigos, que vinham de longe para passar dias conosco.

Para as crianças, o momento mais aprazível era depois do banho da tarde, mais à noitinha, hora que esperávamos ansiosos para ouvir as histórias, romances, contos lidos em livros ou acompanhados em quadrinhos das revistas mensais, e fábulas, as mais fantásticas. Os contadores de história da noite, à luz das lamparinas, eram diariamente a avó, o pai, a mãe, uma amiga da avó e um tio solteirão que vestia todos os dias o mesmo paletó marrom surrado e um pouco roto nos cotovelos e punho.

As preferências dos narradores noturnos eram: o pai contava mais histórias infantis e casos dos vencedores e vencidos das batalhas travadas na Segunda Grande Guerra Mundial. Ele acompanhava assiduamente pelo Jornal do Brasil o noticiário da nação e do mundo, destacando as batalhas da guerra e dos pracinhas brasileiros que tinham ido lutar na Itália. Esse assunto de guerra não agradava os pequenos, mas eles ouviam. A mãe tinha um repertório bom sobre os casos extraconjugais da família e dos antepassados e sabia de algumas tragédias e catástrofes da natureza reproduzidas de geração em geração. A avó e também sua amiga, eram leitoras assíduas de romances e contos e colocavam os pequenos ouvintes de ouvido em pé para saber o final das histórias e contos de amor que as velhinhas guardavam no baú de suas memórias. As fábulas eram reservadas ao tio, velho carcomida e solteirão, que andava perambulando pela casa dos parentes, que diziam que não tinha residência fixa e vivia da compaixão alheia.

O tio era tido como o rei das fábulas. A cada visita trazia outras novas. Creio que devia saber algumas centenas porque nunca repetia, ou ele mesmo criava situações inéditas para contar de forma diferente, dando um final novo a cada uma. Ele sabia até sobre a vida dos autores das fábulas. Descrevia a biografia deles e parecia que tinha conhecido La Fontaine, Esopo e Monteiro Lobato.

A fábula é um gênero literário que existe desde muitos séculos e veio do Oriente. As que nos são mais conhecidas vêm da Grécia antiga, de cerca de cinco séculos antes de Cristo; são as de Esopo, cuja história diz que era um escravo que foi libertado por seu dono, o filósofo Xanto. Deixou quase 400 fábulas que, transmitidas oralmente, foram editadas mais de três séculos depois de Cristo. Esopo é conhecido como o pai do gênero literário das fábulas. Elas influenciaram o historiador grego Heródoto e também a filósofos e dramaturgos, que se baseavam nelas para desenvolver seu estilo literário. Outros autores de fábulas da literatura portuguesa são Bocage, Diogo Bernardes, Sá de Miranda, Fedro e Monteiro Lobato, fabulista brasileiro, autor de obras literárias destinadas ao público infantil, que deixou inseridas em seus livros de histórias do Sítio do Pica Pau Amarelo, diversas fábulas. La Fontaine é considerado o maior fabulista da Modernidade. Francês, viveu em Paris, foi poeta e romancista, e pertenceu à Academia Francesa de Letras. Jean de La Fontaine nasceu e morreu nos anos de 1600 e adaptou algumas fábulas de Esopo e criou outras.

As fábulas são pequenas histórias, geralmente vividas por animais de comportamento antropomórfico, ou seja, que falam, têm os mesmos sentimentos e hábitos dos homens, com a finalidade de dar lição de moral, ensinando o certo e criticando o comportamento errado dos animais, subentendendo o das pessoas. É uma forma alegórica de mostrar que os maus são castigados e os bons, premiados. Servem, também, para estimular nas crianças a prática das virtudes. Costumam ter diversas versões por serem transmitidas oralmente e, passando de geração a geração, naturalmente sofrem as influências da imaginação dos reprodutores.

Creio que o tio era mestre em adaptar as fábulas à nossa realidade no sítio. Esse estilo de literatura é bem interessante, especialmente para o público juvenil, e traz lições de vida e oportunidade de reflexão sobre a honestidade, o desapego aos bens materiais, a justiça, a verdade e outras virtudes que precisam ser assimiladas pelos pequenos aprendizes, para que desenvolvam uma boa educação e sociabilidade. As mais conhecidas são A lebre e a tartaruga, O leão e o ratinho, A raposa e a cegonha, A cigarra e a formiga, O lobo e a garça, O lobo e a ovelha, A raposa e as uvas etc. Essas e outras fábulas nós ouvíamos do tio; no final de cada narração, ele perguntava: "Qual é a moral da história?". E nós tínhamos que dar nossas opiniões. Cada um fazia o seu refrão. Era um aprendizado.

Num certo dia, ou melhor, numa certa noite, ele nos contou a fábula da jabuticabeira e da aboboreira, que inspirou Monteiro Lobato a contar em sua obra as aventuras das crianças e animais do Sítio do Pica Pau Amarelo. Na reforma da natureza, o caboclo afirma que o Criador fez coisas erradas na criação do mundo. Como exemplo, refere-se a frutas tão pequenas, como as jabuticabas, estarem penduradas em árvores tão grandes, enquanto que as enormes abóboras cresciam no chão, em um caule fraco que podia ser esmagado por qualquer pé de gente. E quando o crítico da criação divina se recosta embaixo da jabuticabeira para tirar um soninho, uma jabuticaba despenca no seu nariz. Assustado, ele acaba reconhecendo a perfeição do Criador, porque se uma abóbora caísse daquela altura sobre o seu nariz, iria esborrachá-lo.

Foi nesse momento que as crianças tiraram as suas conclusões. Mas o tio concluiu a fábula de uma forma jocosa e disse:

— Um dia, fiquei pensando em tantas coisas que vejo aqui neste mundo e que eu gostaria de mudar. E me lembrei do corpo humano. Nós bem que podíamos andar de quatro pés! O que vocês acham crianças?

Nós, crianças, abaixamos, pondo as mãos no chão e andando para frente e para trás, rindo às gargalhadas.

— E se os olhos fossem melhor distribuídos, sendo um na frente da testa e outro atrás da cabeça? Assim iríamos enxergar tudo o que estivesse na frente e detrás do nosso corpo! Os pés podiam ser virados um para frente e outro para trás! Seria divertido! Iríamos andar em duas direções, como caranguejos! E se fossem quatro olhos, um de cada lado da cabeça? Melhor ainda! Enxergaríamos tudo a nossa volta. Que tal?

Os risos aumentavam cada vez mais com as conjeturas malucas do tio. A turma andava pela cozinha girando pra direita e esquerda, fingindo que viam quem estava atrás ou do lado...

— Um dia, meus sobrinhos, eu achei que nós precisávamos apenas de um olho e que ele deveria ser na ponta do nariz, porque temos dois colocados em lugar errado, muito fundo, e só podemos olhar pra frente. A decepção foi imediata. Levantei-me e fui andando rapidamente ao sanitário porque o intestino estava em reviravoltas e, zás! Bati fortemente a ponta do nariz no portal e firmei o nariz com a mão para diminuir a dor, logo percebendo o meu grande equívoco e a perfeição do Criador. Se eu tivesse um olho na ponta do nariz, com aquela narigada no portal, estaria cego. Pensei: o Criador foi sábio. É melhor deixar tudo como está...

9. A IDOSA E SEU CÃO

Dona Josefa era uma senhora viúva, bastante idosa – aproximando-se dos 90 anos –, que vivia solitária em sua própria casa. Mas era assistida por enfermeiras e acompanhada de uma antiga serviçal que fazia os serviços domésticos. Com uma enfermidade de coluna vertebral e membros inferiores edemaciados, passava grande parte do dia recostada no sofá da sala de jantar. À sua volta circulavam as mulheres que lhe serviam e um cão de raça, deitado à sua direita em permanente vigilância de sua dona e de seu território.

A senhora contava o que se passara com sua família e como chegara ao estado de solidão em que se encontrava. O esposo foi um fiscal do governo federal e faleceu com câncer de pulmão, supostamente justificado por ter sido fumante até os 40 anos, deixando a ela uma pensão gorda e suficiente para pagar os estudos dos filhos. Quando o esposo faleceu, os filhos estavam na idade de doze a quinze anos. Eles eram três: duas meninas e um menino. A filha mais velha nasceu com deficiência cardíaca e faleceu aos dezoito anos. Passados meses, a mulher adotou uma menina que era filha da cozinheira. A pequena cresceu viçosa e inteligente como os outros dois. A segunda filha casou-se e, aos vinte e cinco anos, faleceu no parto, junto com o bebê. Uma terceira paixão na vida de dona Josefa. A filha adotiva crescera sob os cuidados dela, na mesma cidade formou-se para ser professora e logo passou em concurso no magistério. O filho foi além, estudando Engenharia na cidade grande e por lá se colocou muito bem na profissão, casou-se e deu à mãe dois netos. Nas férias, ele, a esposa e os guris vinham visitar a velha mãe. E tudo corria bem, até que um dia chegou a notícia: o filho não teria muito tempo de vida. Uma dor de cabeça fortíssima o havia afetado gravemente: era uma meningite, da mais grave. Foi levado ao túmulo pela fatalidade da doença sem cura.

Dona Josefa ficou só com a filha adotiva, que naqueles tempos havia se casado e dava assistência diária à mãe enquanto residia na mesma cidade. O genro havia estudado para ser veterinário e comprou uma clínica de animais domésticos em uma cidade maior. As pessoas que tinham animais como cães e gatos confiavam plenamente nos serviços da clínica e ele era bem conceituado como médico dos animais. A recepção aos donos e aos bichinhos que chegavam à clínica era impressionante. Os cães eram recebidos com todo carinho, carícias pelo corpo e sorriso de agrado aos acompanhantes. Demonstrava tanta aptidão para a profissão que todos acreditavam que nascera para tratar de animais.

Depois que dona Josefa ficou vivendo sozinha, a amorosa filha e o esposo vinham algumas vezes para visitá-la. E que alegria! Poucas vezes a senhora saiu de sua cidade e foi com a filha à cidade grande, para passar alguns dias com eles. Então dona Josefa comprou um cãozinho branco, de dois meses, um primor de filhote, que passou a ser a alegria da casa e o terror dos estranhos que ousassem entrar ali. A senhora se afeiçoou tanto ao animalzinho chamado Chitãozinho que os dois dormiam juntos. Ele sempre aos pés dela, numa cama de casal. Dizia ela que o danadinho roncava como um velhinho gorducho e ranzinza.

Certo dia, a filha esteve em sua casa e queria levá-la, mas dona Josefa se mostrou resistente por causa de Chitãozinho, justificando que só poderia ir se levasse o seu novo companheiro. O casal concordou e lá se foram a viajar, os três e o cãozinho, deitado no colo de dona Josefa, no banco de trás do carro. Chegaram à bela casa do casal e ela foi acomodada no andar térreo porque queria ficar com seu indês.

Todas as noites, o casal frequentava uma igreja no bairro, repleta de pessoas ávidas por ouvirem a palavra de Deus. Dona Josefa foi convidada a ir também e, embora pertencendo a outra igreja, não recusou o convite por uma questão de delicadeza com os anfitriões. Ficou impressionada com o genro, pois ela desconhecia o grande pregador que ele era. No momento de dormir, depois de fazer as orações, não conseguia conciliar o sono, tamanha era a força das palavras do genro, persuadindo os ouvintes e pregando o Evangelho de Cristo. Posteriormente, ela disse que ele convertia até cachorro!

Numa das manhãs, dona Josefa abriu a porta do quarto no momento em que o genro vinha descendo as escadas, pois o quarto do casal era no segundo andar e Chitãozinho, ouvindo o ruído dos passos na escada, saiu latindo furioso. Ele se afastou do cãozinho e disparou uma sequência de palavrões para o cão que, instintivamente, estava defendendo o seu espaço. A senhora abriu a porta, recolheu o animal no colo e voltou para o quarto. Ela ficou tão decepcionada com aquela atitude monstruosa do genro, que na noite anterior se mostrara um cordeirinho catequizando os leigos, que na clínica veterinária era todo amável com os cães e, em casa, transformara-se no selvagem que ela havia visto naquele momento. Tomou uma decisão imediata: ligar para sua cidade para chamar um táxi e sair no meio da noite, sem falar com ninguém, fugindo daquele falso veterinário e pregador. Era o que ele merecia!

Passou o dia meditando sobre essa decisão e as consequências que poderiam advir. Refletiu que iria ofender a filha, que sempre fora tão solícita e amorosa com ela e não merecia essa desfeita. Assim, mudou os planos. Telefonou para o motorista de táxi e avisou que precisava voltar a casa no outro dia de manhã. Desse modo aconteceu e, até o presente momento, dona Josefa não mais retornou à casa da filha com seu querido Chitãozinho.

10. CASOS DE FAMÍLIA

Era uma família pobre. A mulher, L., lavava roupas das famílias mais abastadas para ganhar um dinheirinho e ajudar nas despesas da casa. J. trabalhava numa fazenda próxima à vila como empregado de confiança, cuidando da ordenha das vacas, da criação dos bezerros e bois, levando e trazendo a boiada de uma pastagem à outra, plantando e zelando pela horta, criando galinhas e porcos, enfim, era um empregado vale tudo, que dava conta de todos os serviços. Mantinha o jardim sempre florido, verduras fresquinhas, leite gordo com a maior fartura, que agradava a todas as visitas que frequentavam a fazenda.

Dessa família sabemos muitos casos que povoavam a mente da vizinhança, da parentela e de toda a vila M., onde moravam. Vou começar pelas traquinagens do chefe da família, a seguir pela estripulia da esposa e dos filhos em ordem cronológica decrescente. Vou denominar o pai de J.; a mãe de L.; os filhos X. e Z. e a filha A.

Embora eficiente nos vários espaços de trabalho da fazenda, J. gostava de beber uma boa cachaça em dois dias da semana, principalmente aos sábados. Embriagava-se tanto que, algumas vezes, chegava a casa com passos trôpegos, ia direto para a cama sem comer nada. O humor dele variava a cada noite que chegava. Por vezes, entrava em casa furioso e avançava na mulher, com socos e pontapés, xingando nomes horríveis. E se as crianças se aproximavam, sobrava para elas a pancadaria. O recurso era pegarem uma corrida, tanto a mulher como os filhos, e se refugiarem na casa dos vizinhos ou no mato atrás da igrejinha da praça. Depois de noite fechada, quando L., X., Z. e A voltavam para casa, encontravam comida espalhada pelo chão de terra da cozinha, louças quebradas, restos do almoço e garfos jogados pra todo lado. Eram noites de terror.

A venda onde J. parava para beber a pinga depois que saía do serviço ficava a uma pequena distância da casa. Ele tinha que atravessar um pontilhão velho de madeira, caindo os pedaços, que cobria um córrego de esgotos. Numa noite, um vizinho que passava sobre o pontilhão ouviu um gemido que parecia vir de baixo da passagem. Tudo escuro, não dava para ver se era de alguém por ali. O vizinho foi a casa buscar uma tocha de luz e voltou para ver o que era, e a surpresa: viu um vulto se movendo no meio do lamaçal preto e reconheceu o homem que não conseguia se levantar. Desceu a pequena ribanceira, atolou os pés no esgoto fedorento e, segurando a criatura imunda, ajudou-o a sair dali. Nenhuma surpresa: era J., que havia caído do pontilhão e ainda estava completamente tonto. Mais pessoas foram chegando, e os meninos X. e Z. foram assistir à cena deplorável do pai, rindo daquela figura preta caminhando carregada pelo vizinho.

Naquela casa ouviam-se palavrões absurdos, todos xingados por J. Ele chamava sempre satanás ou bicho ruim mais do que outros nomes. Ninguém conseguia domar aquela criatura, que parecia viver em companhia do maligno. Certa época, o sogro foi morar com eles e o estado de embriaguez de J. alcançou o nível do ridículo. Ele subia a escadinha de madeira chamando o inimigo do fundo dos infernos. O sogro, senhor de meia-idade e forte como um touro, ajudado por L., reverteu a situação: resolveu empurrá-lo escada abaixo, mandando que ele dormisse debaixo do assoalho da casa. A partir dessa iniciativa, em vez de J. tocar a mulher e filhos para fora de casa, ele é que foi tocado pelo valente sogro, para a vitória de L. e das crianças. Logo, J. dormia como um porco, roncando a noite inteira debaixo da casa.

Isso aconteceu muitas vezes, até que, em uma noite, depois de ser expulso de casa com safanões e sob a autoridade do sogro, embaixo da casa ele continuou xingando e chamando satanás e seus sequazes. No instante em que a família se preparava para ir dormir, ouviram batidas embaixo do assoalho, acompanhadas de gritos de dor e barulho de chicotadas, que duraram bem meia hora. Que surra levou J. sabe-se lá de quem! Para glória da família e regozijo dos vizinhos, a partir daquele dia, J. não precisou de recurso nenhum para se curar da bebedeira. Acreditava piamente que o inimigo havia atendido ao seu chamado e nunca mais bebeu a pinga da venda do compadre e nem precisou dormir debaixo do assoalho da casa. O caso da pancadaria diabólica em J. foi incluído no rol de lendas da vila, contado de boca em boca, chegando por todo povo.

Depois que seu marido deixou a bebedeira, L. ganhou vida nova. Mudou o astral, passou a viver contente enquanto esfregava a roupa das patroas, de quem recebia uma ninharia de pagamento; cantava as musiquinhas que trazia no embornal de recordações de infância da vida no sítio de seu avô. E o marido havia mudado de emprego e agora exercia o ofício de pedreiro, num povoado pequeno próximo à vila onde moravam. Deixando a "maldita da cachaça", ele conseguiu comprar um fordeco velho e logo aprendeu a dirigir, sem documento dele ou do carro. Nem precisava, porque só rodava por aquelas bandas e não ia gastar dinheiro com esses "luxos"! Com a melhora da situação financeira do marido, L. foi se achando madame e começou a imitar as riquinhas da vila, fazendo amizade com elas. Comprou um bom par de sapatos e corria pelas calçadas ondulantes das casas boas da vila.

Uma tarde, L. resolveu fazer uma surpresa ao marido e ir ao povoado onde ele estava trabalhando. O local distava uns três a quatro quilômetros e ela conseguiria chegar a tempo de voltar com J. no fordeco, que ele estacionava perto do serviço. Com a saída dele do trabalho, sempre às dezessete horas, ela deixou a casa às quinze horas e pensou: "Dará tempo para chegar antes de ele terminar". Caminhou pela estrada vicinal de terra, e o sol estava quente demais! Suava por todos os poros e, finalmente, avistou uma árvore frondosa à beira da estrada. Pensou: "Vou descansar um pouco nessa sombra e depois sigo caminho...". Sentou-se tranquilamente na graminha, à sombra da árvore. O corpo pediu cama, então, deitou-se um pouco e adormeceu. Não foi sono leve, mas, sim, profundo.

Não havia linha de catajeca que passasse por ali, apenas pedestres, pessoas de charrete, e alguém parou para ver a mulher deitada na beira da estrada. Essa pessoa fez sinal para outros e todos foram parando, assustados, pensando que L. estava morta. Chamaram o carro da polícia, que parou ao lado, e logo o policial chamou a precária ambulância do pequeno hospital da vila. L. despertou assustada com aquele aparato todo ao seu lado, o enfermeiro diligentemente a segurando pelo braço, conduzindo-a a ambulância. Ela lutou com o socorrista, que insistia em levá-la ao hospital. Dizia que não sentia nada, que estava dormindo, mas foi conduzida à força, com suspeita de ter desfalecido à margem da estrada. Passado o caso, L. não queria comentar, mas o "mico" que pagou não se repetiu, pois nunca mais aconteceram as idas ao serviço do esposo, e ela proibiu a família de contar o vexame pelo qual havia passado.

O pai J. deixou de beber depois da surra embaixo do assoalho, teve vida longa e o vício foi herdado por seus filhos X. e Z. Segundo informações médicas, é doença e não devemos chamar esses viciados de bêbados ou embriagados. São etilistas, e hoje há tratamento em serviços de ajuda individual e em grupo que surtem ótimo efeito. Basta que eles queiram se curar.

O filho mais velho, X., tem um currículo repleto de estripulias de bêbado. Depois de adolescente, e mais recentemente, arranjou uns sócios para plantarem tomate, um tipo de cultura regional que costuma render bons ganhos aos plantadores que executam a tarefa a meia com os donos das terras. Raras vezes são boas as colheitas, principalmente quando o tempo não contribui, se não chove ou chove demais. Os grandes plantadores costumam ganhar um bom dinheiro no cultivo do tomate. Os pequenos também têm lucros, claro que menores. X., com o que arrecadou na primeira horta de tomates, comprou imediatamente uma lambreta velha. Que vitória! Pôde ir e vir para a horta mais rápido. Saía para ir comprar a comida do almoço para ele e os colegas. Gostava de uns goles de caninha depois que saía da horta. Algumas vezes, depois que almoçavam juntos na beira da plantação, X. sumia, e os colegas entendiam que ele andava dormindo porque tinha tomado "umas" na venda da esquina. Certo dia, montado na lambreta, voltando com as marmitas de comida depois da "pinga", meio zonzo, perdeu a direção numa curva e se esparramou no chão com marmitas e tudo, enrolado numa cerca de arame farpado. Não teve como se safar sozinho e gritou, pedindo socorro; e ficou vários dias todo estropiado das espetadas do arame.

Do mais novo da casa, Z., são casos e mais casos dos escândalos pós-cachaça. Ele morava no segundo piso. Era uma casa com paredes inacabadas, apenas com uma laje de cobertura, sem janelas, e uma tábua colocada na porta de entrada, onde deveria terminar a escada que saía do quintal de fundos da casa de baixo do pai. Para subir, Z. colocou uma escada de madeira velha, de modelo antigo, e essa escada foi testemunha de tombos e mais tombos, porque chegava completamente bêbado e não conseguia subir os degraus.

A vendinha da esquina era o ponto de parada de Z. quando vinha do serviço de pedreiro depois das cinco horas da tarde. Conhecido e amigo da dona da venda, foi o cliente mais frequente, junto com outros dois, que gostavam de "umazinha" – assim colocaram o nome em um copo de pinga. Mas não tomavam só "umazinha", pediam muitas, até que não conseguiam caminhar com suas próprias pernas. Cena frequente via-se naquela rua: Z., vindo abraçado aos dois amigos, todos embebedados ao extremo, um de cada lado, e cai pra direita... levanta, cai pra esquerda... levanta. E um fala, zangando pro outro. "Ô Z., assim não dá! Anda direito, home!". Finalmente, chegavam perto da escada de madeira, e que luta pra subir: empurra daqui e empurra dali, um cai pro lado e levanta. O outro reclama e cai do primeiro degrau, e ficam naquele sobe e desce, até que Z. consegue chegar à porta de casa e entrar se arrastando. Ele quase sempre mais tonto do que os dois amigos.

De outra vez, chovia forte por volta das 13 horas de um domingo. O vizinho, passando por uma rua, avistou Z. caído num matinho de um terreno baldio. Ele num lado e a moto, com o motor ligado e virada, do outro. O vizinho socorrista desligou a moto e levou a chave até a casa da família. A irmã recebeu a notícia e saiu debaixo da chuva torrencial, com um guarda-chuva, pedindo ajuda aos amigos da rua, que foram imediatamente levá-lo à casa. Dois conduzindo Z., quase desmaiado, todo ensopado, roupa embarreada, e o terceiro empurrando a moto. Chegando à casa não o conduziram pela escada. Entraram com ele na casa da irmã, no térreo, e foram ao banheiro, abriram o chuveiro frio e o deixaram embaixo d'água bastante tempo. Z. ficou pelo chão e dormiu profundamente, até à tardinha. A irmã preparou o prato para ele almoçar e colocou no forno. Quando acordou, viu-se naquela situação, no banheiro; levantou-se, pegou o prato de comida e subiu a escada. A irmã, preocupada, dali a pouco foi vê-lo. Z. havia deixado o almoço no chão do quarto e estava dormindo com a mesma roupa, estirado na cama. Ela levou o prato de almoço para a cozinha, tampou e desceu a escada de madeira.

Nem a filha A., enquanto criança, deixou de marcar os casos da família, com uma diabrura de incontinência urinária e que foi motivo de risos e galhofas da parentela. Ainda muito pequena, teve um ferimento que ocasionou preocupação na mãe por aparecer-lhe um inchaço imenso no pé e na perna, terminando no joelho. A mãe fazia os emplastros de arnica, comuns do povo da roça, colocando a perna da pequena na água quente, e o mal só melhorou em vários dias. Numa noite, A. acordou sentindo a bexiga cheia. O tempo e as condições de pobreza não permitiam ter um banheiro em casa. Usavam o urinol noturno, que ficava embaixo da cama. Ela levantou segurando o xixi, passou a mão embaixo da cama e não encontrou o penico. Foi pulando de uma perna só, porque não podia colocar o pé inchado no chão, e entrou no quarto dos pais e, sem alcançar o urgente penico, o xixi desceu perna abaixo... O fato se estendeu pelo dia seguinte, pela semana e sabe-se lá até quando.

E a família vai vivendo com seus dramas e vexames dos rapazes ébrios, que acontecem duas a três vezes por semana. A embriaguez dos irmãos tornou-se motivo de disse me disse e fofocas na vila.

A mais sadia da família de J. e L. é a filha mais nova, A., moça que foi privilegiada com todos os predicados de uma pessoa equilibrada e que sofre por ver o estado de embriaguez dos irmãos. Numa ocasião, ela providenciou um tratamento para ambos. Marcou uma consulta com um especialista e convenceu Z., o mais afetado pelo vício, a ir ao médico. Ele foi, ouviu o que o doutor tinha a dizer e trouxe a receita para casa. A. comprou os remédios e ele não quis tomar. Ela procurou internação em casas de recuperação de igrejas da cidade e foi informada de que a condição para internar os irmãos só depende da vontade deles. As clínicas internam os etilistas se voluntariamente procurarem a cura.

11. CRUZ DA MOÇA

Muito além de uma vila do interior do estado, havia uma estrada vicinal que levava o pedestre a outra vila menor ainda. Sempre que alguém passava pela estrada, via uma cruz do lado esquerdo. Cruz pequena, feita de galho de árvore, sem medida exata, mas fincada ali, sobre um monte de terra coberto de mato. Percebia-se que aquela cruz não havia sido erigida recentemente naquele ermo, pois a história da tragédia acontecida naquelas paragens reinava no imaginário popular havia muitas décadas.

O fato real, adornado de fantasias e contado de geração em geração, acontecera no local em que narravam o assassinato de uma jovem muito bonita que residia com seus pais por aquelas bandas. Os avós da moça também moravam perto e para ir a casa deles ela precisava cruzar uma floresta. A jovem ia aos bailes ao som da sanfona na casa dos vizinhos e dançava com alguns pretendentes. Começou um namoro com um viúvo que havia se mudado para aquela localidade. O boato que corria sobre o viúvo não era bom: era violento, batia impiedosamente na mulher e esta adoeceu e logo morreu. Assim que ficou sabendo do comportamento dele com a mulher, a jovem se negou a continuar a recebê-lo em casa, além da proibição do pai. O viúvo passou a fazer ameaça à jovem e soltava intempéries, ameaçando-a se não se casasse com ele. Com medo, ela passou meses sem sair sozinha de casa e apenas visitava os avós na companhia dos pais.

Um bom tempo se passou e todos haviam se esquecido da negativa da jovem ao pretendente. Ela, já de casamento marcado com outro, nem sequer supôs o que poderia lhe acontecer. Num fatídico dia, atreveu-se a sair sozinha, pois a mãe andava ocupada em seus afazeres domésticos. No momento em que voltava da casa dos avós, à noitinha, presume-se que o viúvo apaixonado e desprezado atacou-a com um punhal. No dia seguinte, o corpo da jovem foi encontrado caído na beira da estradinha perto de uma floresta. Que tragédia! A notícia chocante do cruel assassinato da moça comoveu toda a comunidade e abalou profundamente os moradores do meio rural de lugares bem mais afastados.

O triste acontecimento se deu no início do século passado e, naquele tempo, a impunidade para crimes no campo era mais comum. Alguém que tirasse a vida do outro raramente seria preso, mesmo porque o crime não teve testemunhas, embora todos colocassem a culpa no viúvo desprezado pela jovem. O sepultamento do corpo da vítima foi feito ao lado da estrada onde ela perdeu a vida. O suspeito continuou a viver no mesmo lugar, e o caso nunca foi esclarecido. Quem passasse por ali via, à pequena distância, a cruz sobre a cova onde havia sido sepultada a moça.

Do crime proliferaram histórias de fantasmas da jovem, que aparecia aos que cruzassem a pequena floresta no mesmo horário em que ela havia sido assassinada, às 6 horas da tarde, hora da Ave Maria. Ouviam-se gritos femininos de socorro, vindos do meio da mata, que ressoavam fundo no ouvido dos viajantes. O fantasma da moça aparecia na escuridão da noite, como um vulto branco andando na frente das pessoas, e ninguém ousava fazer aquele caminho depois do sol desaparecer no horizonte. Quem passasse durante o dia, não se livrava de ter uns arrepios vendo aquela cruz sobre o montinho de terra ao lado da estradinha. Inclusive, nunca mais foram construídas casas por perto, tamanho foi o estigma que marcou o local, que recebeu para sempre o nome de Cruz da Moça.

12. NA VENDA DO SENHOR JOSÉ GOMES

Pelas bandas do rio das Mortes, terras do grande descampado do quase sertão das Minas Gerais, uma população paupérrima, sem saber ler nem escrever, vivia à revelia da natureza, cuidando de plantações de milho e feijão, algum arrozal para sustento da prole de meninos barrigudinhos e ressequidas meninas quase despidas pela falta de tudo: faltava dinheiro para comprar pano para fazer os vestidos; calçado era luxo demais. Nem um trocadinho para comprar um xarope de gripe, visto que a criançada vivia de nariz escorrendo e tossindo noite e dia, e não havia veneno que conseguisse acabar com a piolhada daquela gente. Da peste dos piolhos ninguém se safava. Piolho no cabelo do pai, da mãe e das crianças, estendendo à casa das comadres e dos compadres. Praga e bicho de todo jeito agarrados ao corpo do pessoal. Na barriga, as lombrigas se avolumavam; nos pés, os bichos de pé engrossavam os dedos mais do pai e da mãe, que circulavam pelo chiqueirinho, local onde mais se proliferam esses bichos. Parecia que os danados não gostavam do sangue de criança. Que bom pra elas! Os pés sujos e enlameados pelo barro do terreiro nem lavavam na hora de dormir, porque não fazia diferença pé limpo ou pé sujo em cima das esteiras esparramadas pelo chão do ranchinho.

O serviço na roça era feito para o patrão, típico sertanejo e fazendeiro dos grandes, que morava na capital e tinha um administrador para cuidar da colheita dos cereais que os colonos plantavam. O dinheirinho que os plantadores recebiam, apurado na venda dos cereais, não cobria a necessidade alimentar da família por todo o ano e as dívidas com o patrão, controladas pelo administrador, acumulavam-se à medida que os anos passavam. Colonos paupérrimos viviam em casebres miseráveis. Uns eram chamados retirantes, ou seja, tiravam o leite para ser vendido na cooperativa mais próxima. Eles cuidavam do gado, dos bezerros e vacas, e nesse serviço entravam as mulheres e os meninos para tocar o gado aos currais ou conduzi-los a mudar de pastagem.

Um comerciante se estabeleceu naquela fazenda com a finalidade de vender no armazém os víveres que as famílias podiam adquirir com o parco dinheiro que faziam vendendo cereais, frangos e ovos do quintal. Os homens trabalhadores da fazenda iam à vendinha do senhor Zeca Gomes para um lazer a que se davam o direito, para esquecer as agruras da vida miserável e beber a cachacinha costumeira nos finais de semana.

Naqueles tempos remotos, em comparação ao século em que estamos, por falta de escolas, rádio e outro meio de comunicação e por não terem contato com o mundo letrado, nada mudava no modus vivendi das pessoas. Entrava ano e findava ano, a vida corria na mesma rotina. Notícias eram de doenças e mortes e estas de várias formas. A linguagem das pessoas tinha poucos recursos e tudo se reduzia a pequenas expressões costumeiras tipicamente caipiras. Alguns termos empregados eram tão deturpados que alguém que fosse escolarizado ficaria chocado por quase não entender o que eles queriam dizer.

A vida do campo era rude. As pessoas se tratavam de forma áspera, com xingamentos, agressões verbais e físicas de todo tipo. Volta e meia uma briga e um crime. Os moradores morriam por doenças desconhecidas ou morte matada. E uma dessas mortes se deu perto da venda do senhor José Gomes, conhecido como Zeca Gomes. No exato momento do fato, uma mulher ia passando com a comadre, e ambas com suas filhas, viram o triste assassinato que deu fim ao vizinho, o senhor Chico, homem carismático, conhecido e amigo da vizinhança. Todos o chamavam de seu Chico.

A notícia do crime chegou à cidade. O delegado mandou averiguar o que realmente tinha acontecido e autorizou os policiais que fossem ao local, encontrassem testemunhas e as trouxessem à delegacia a fim de deporem, dizerem o nome do acusado, e depois ele mandaria prender o assassino.

A mulher que assistiu à atrocidade do assassinato do senhor Chico foi levada como testemunha. Na frente do delegado, ela não ousava levantar a cabeça, tamanha era a vergonha do doutor delegado. Arguída sobre o que tinha visto, ela soltou um verdadeiro disparate, descrevendo a cena com a seguinte explicação:

–Dotô delegado, eu i minha fia cumade ca dela, levantemo bem cedim bibimo café cum biscoito, passemo a mão na vara de tocá gado e fumo. O sinhô num podi nem sabê o qui aconteceu! Chegano lá, estatalei o zói pruque, já topei dano fogo no sô Chico e o marvado era o Serafin das Cuanta! Sabe adonde dotô? Di fronte da vendinha do seu Zeca Gome qui nem fé deu!

O delegado, muito sério, pediu que ela repetisse o depoimento por ter sido um descalabro de relato que ele não compreendera na totalidade. Depois de dizer tudo outra vez, a testemunha deu uma corridinha até a janela da sala, colocou a mão do lado de fora e sentiu que a chuva começava com os primeiros pingos. Voltou e, na frente do delegado, apanhou a bolsa de palha que estava sobre a cadeira e pediu pra sair:

— O sô dotô delegado, qui mi discurpe, mi dispachi já qui eu vou-me já pruque já tá pingano!

O delegado fez o registro do depoimento da testemunha, dispensou-a e mandou prender o culpado, Serafin das Cuantas.

13. COMEDOR DE OVO

No início do século passado, o costume de casar as filhas bem cedo era a grande preocupação dos pais e, logicamente, a pretensão de casá-las com bons partidos. A preferência de fazer casamento das jovens com filhos de vizinhos ou amigos era visível e comentada pelos pais das moças casadouras. A frase adiante demonstra o pensamento dos pais em ver suas filhas casadas, felizes e residindo perto deles: casamento ideal é feito com o filho do vizinho, porque quem vai longe vai enganar ou ser enganado.

Filha solteirona, nenhum pai queria. As moças que não conseguiam um marido ficavam estigmatizadas e cheias de complexo dentro da família. Quanto mais a idade avançava, mais evitavam sair de casa e, geralmente, dedicavam-se a ajudar a mãe a criar os irmãos menores, cuidavam da cozinha e dos afazeres domésticos. Desde o dia em que a moça arranjasse um pretendente, o tratamento familiar mudava. Agrados daqui e dali ao rapaz quando vinha visitar a jovem. E todos apressados em falar do futuro casório a ser festejado na família.

O fato que vai descrito adiante é verídico e tornou-se conhecido dos que habitavam a região e transmitido até a geração atual, contado com juramento de ser verdade verdadeira.

Um fazendeiro, vizinho de meus antepassados, tinha meia dúzia de filhas na idade de se casar. Sem falar nos filhos, que não causavam preocupação aos pais em questão de casamento. Rapazes trabalhadores, foram procurar moças prendadas e logo contraíram matrimônio e passaram a morar nas terras da fazenda. Naquele tempo, a vida na roça tinha mais fartura do que hoje, e os pais e filhos casados mantinham as famílias por ali mesmo. Todos trabalhando nas terras do pai. Quanto às moças, casavam-se a partir dos 14 ou 15 anos. Se passassem dos 20 dentro da casa dos pais, já eram solteironas. E desse complexo todas fugiam.

Naquela família, as cinco primeiras filhas logo se acertaram com bons maridos, filhos de pessoas conhecidas, e os pais ficaram despreocupados. Os netos nasciam e enchiam a casa da fazenda de alegria, mas os anos foram correndo sem que a última das filhas encontrasse um pretendente. A caçula da casa foi ficando solteirona, ou melhor dizendo, ficando pra titia.

Naquela ocasião, os fazendeiros costumavam fazer bailes aos finais de semana e convidavam a vizinhança, a parentela e alguns amigos da cidade próxima. Nas noites dos arrasta-pés – assim chamavam os bailes na roça –, dançavam até o amanhecer, compadres e comadres, moças e rapazes, incluindo as crianças, introduzidas nos passos das valsinhas, xotes e mar- chinhas, ritmos daquele tempo.

Num bem-aventurado baile na grande fazenda de um amigo, do outro lado da estradinha que seguia para a cidade, compareceram alguns rapazes de fora, e que novidade para as moças! Finalmente, viam caras novas, e a caçula a quem me referi antes foi convidada para uma parte com um rapaz visitante. Conversa vai, conversa vem, os dois se entenderam. Ele prometeu que iria visitá-la no final de semana seguinte. Tudo aconteceu como o combinado: o jovem apareceu na fazenda dela e disse que ficaria até o dia seguinte.

Ao amanhecer do outro dia, o pai da jovem, muito satisfeito com a visita do namorado da filha, que havia completado a maioridade de moça casável, fez mil agrados ao pretendente, convidou-o a ficar mais uns dias para que ele pudesse conhecer o restante da família, fazer uma cavalgada pela fazenda para ver as terras, as plantações e o gado no curral. E o jovem aceitou o convite e ficou dias e mais dias. A cada amanhecer tinham um passeio para um lado da fazenda ou numa casa dos filhos casados.

O visitante foi tomando intimidade e nem falava mais em ir embora. A situação com a demorada presença do rapaz passou a preocupar os pais da jovem. No momento em que ia dormir, à noite, o casal conversava sobre o constrangimento daquela visita, que não tocava no assunto de pedir a mão da noiva em casamento, tampouco falava em voltar à cidade.

A dona da casa estava aflita pelo consumo de todas as carnes da despensa. Nos primeiros dias, colocou na mesa a carne de boi que o fazendeiro matara para fazer um churrasco no dia da chegada do visitante. Quando a carne de boi acabou, o fazendeiro matou um porco gordo da ceva e, com o andar dos dias, a carne acabou. Não havendo mais carne de boi e nem de porco, a dona da casa começou a matar os frangos e galinhas do terreiro, até que todas as aves, incluindo os patos e galinhas d'angola, foram sacrificados a fim de agradar ao pretendente. Não havendo mais carne, começaram a comer ovos fritos, cozidos e omeletes.

Depois da longa permanência na casa da namorada, os assuntos também foram ficando escassos. Enfastiados com a inconveniente presença do estranho visitante, e este percebendo, finalmente se deu conta de arrumar a mala de roupas e se despedir da família. Que alívio ficarem livres de tal visita!

O rapaz de origem libanesa não se deu a conhecer de forma clara para a família da namorada, pois era um pobretão interesseiro nos bens da moça e se encantou com a fortuna que o esperava com o casamento que havia se proposto a fazer. Queria um casamento rico, pregar um conto do vigário naquela família de fazendeiros. Tinha vindo com os pais do Líbano, ficara órfão cedo e trabalhava como caixeiro num armazém de patrícios amigos da terrinha.

No mês seguinte, o rapaz recebeu uma notícia promissora dos parentes que haviam ficado no Líbano. Havia herdado uma fortuna de um tio milionário, que deixara seus bens para os sobrinhos. Não se coube de contentamento. Viajou ao país onde estava a fortuna para tomar posse do que era seu e, assim que pôde, regressou ao Brasil. Acertou sua vida e correu à casa do fazendeiro para, finalmente, pedir a mão da moça em casamento. Mas que decepção! Ao se aproximar do alpendre da fazenda, ali estava a família tomando a fresca da tarde, e o dono descansava assentado numa cadeira de balanço. Ao avistá-lo na passagem da porteira na frente da casa, todos se levantaram e o fazendeiro, indignado, gritou a toda voz:

— Você já vem, seu comedor de ovo?!

O libanês, agora rico, puxou as rédeas do cavalo para o lado, deu viravolta, cutucou o cavalo com as esporas, saiu a toda velocidade e nunca mais apareceu por aquelas paragens...

14. UM CONTO PORTUGUÊS, COM CERTEZA

Uma doutora portuguesa das ciências exatas, nascida no Alentejo, estava a morar em Lisboa com seus filhos, digo com seus quatro gajos, belos rapazotes, e depois de ter se amancebado com vários homens, estava a procurar um novo marido. Não sabia viver somente a trabalhar e sem companhia masculina. Professora universitária de renome e autora de livros e artigos científicos, era também grande pesquisadora respeitada no meio acadêmico. Conhecia o mundo por apresentar seus trabalhos em congressos e dedicava-se intensamente à pesquisa. Constantemente, vivia a buscar um companheiro com quem pudesse conviver regularmente e, por que não, compartilhar o resto de seus dias.

O curso de doutoramento em Matemática havia feito em uma universidade americana das mais famosas do mundo e esteve na América com um dos maridos, que também estava a fazer o mesmo curso. De volta a Lisboa, o recente casamento terminou. Com os filhos, a professora não se importava tanto, somente com trabalho, salário, viagens a congressos, passeios e a busca incessante por um companheiro.

A história da doutora e seu último relacionamento teve princípio por um colega português, cuja herança propiciou-lhe uma fortuna grande, que resolveu investir no Brasil. Comprou uma fazenda de gado bovino no interior do estado do Mato Grosso e, periodicamente, viajava ao Brasil, e aqui permanecia por meses. A doutora foi convidada a vir conhecer a fazenda e a passar suas férias no campo, a apreciar a beleza do pantanal brasileiro, a flora e a fauna tão famosas na terrinha lusitana. Descansou num cenário mágico da vida e rotina do campo brasileiro. Encantada com a nova forma de viver e de obter lucros, decidiu comprar um sítio próximo à fazenda do amigo e nele fazer uma plantação de soja. Sua nova aventura amorosa estava a começar naquele sítio.

Fechada a compra das terras, retornou nas próximas férias da universidade e arranjou empregados que pudessem trabalhar para ela na plantação de soja. Edificou uma casa para se estabelecer e, de imediato, agradou-se de um dos camponeses de modos rudes, jovem claro, pele queimada de sol, com os dentes estragados, de sotaque arretado de caipirão interiorano, e ali começou a se desenrolar um achego inacreditável.

Ora, pois, ela não perdeu tempo e logo cuidou de tirar os documentos de identidade e passaporte dele e apareceu abruptamente em Lisboa, acompanhada do grosseiro plantador de soja. Assim esteve a viver com o quarto companheiro. Ia e vinha com ele do trabalho na universidade. Esteve a fazer dele seu chofer particular. Decepção para os filhos, que não aceitaram a presença da estranha figura do caipira brasileiro a dormir com a mãe e se refugiaram na casa dos parentes. Todos estavam a dizer que a doutora enlouquecera dos miolos, perdera a cabeça no Brasil e levado o desfigurado para Portugal. O caipira recebeu logo o apelido de Desdentado, justo por ter as arcadas dentárias podres e a faltar dentes. Ela o levou para comprar roupas e calçados condizentes com a posição dele e o dentista teve que arrumar a boca do gajo com duas dentaduras postiças. E lá vai tempo... Ele esteve a morar com a doutora por vários anos, trazendo nos bolsos alguns bons escudos. Nesse ínterim, ela se colocou indiferente aos filhos e amigos. Paixão braba sertaneja, doença que a afetou, até que um dia teve um fim inusitado e trágico.

Como campeiro, cuidando do gado, capinador de roças de milho e plantação de soja, trabalhador de fazenda do interiorzão matogrossense, o gajo não conhecia nada de cidade, nenhum estabelecimento comercial ou bancário, não sabia usar um retrete, tampouco conhecia os modos portugueses e as facilidades que encontrou junto à doutora. O brasileiro era realmente um analfabeto. A doutora tomou o expediente de ensiná-lo a ler e escrever. Ele aprendeu a fazer compras, a enfrentar bichas de supermercado, a fazer pagamentos em bancos, padaria, resolver algumas coisas que não dependiam de saber os números das senhas dela. Em questão de dinheiro, ninguém o enganava, pois sabia contar, conhecia a moeda brasileira e passou a conhecer o escudo português muito bem.

Com o passar do tempo, o gajo estava a adentrar na confiança e na intimidade dela e dos negócios. Desdentado – assim a família o denominou – saía para um giro na freguesia, frequentava um bar onde estava a se fazer amigo do dono e tomava umas caipirinhas de cachaça de rolha, sentindo falta do tererê de todo dia de sua terra. Já não era mais o mesmo, tamanho foi o círculo de amigos da ralé que estivera a conquistar nos dias de lazer, pois pouco trabalhou enquanto esteve a viver em Portugal. Depois de tomar umas e outras, de tímido camponês ficava valente e, vez ou outra, desentendia-se com os frequentadores do bar onde desafogava suas mágoas. O sertanejo passou da vida rude do campo ao luxo lisboeta, como empregado e amancebado de confiança da doutora.

Os dois moravam numa vivenda na freguesia de Ajuda, onde havia quase duas centenas de arruamentos. Era cercada de vizinhos amigos e alguns restaurantes típicos, que serviam um sarrabulho de dar água na boca de um matogrossense a viver na mordomia de comida regada a azeite português acompanhada de um Reguengos de Monsaraz. Curioso com as delícias da cozinha portuguesa, o gajo adentrou na intimidade de um chefe do restaurante e lá foi aprender a cozinhar um sarrabulho à moda do Douro. Com os ingredientes de lombo de porco picado em pedaços e preparado de véspera com alho, sal, vinho, cominho e pimenta, o prato é cozido num tacho de barro, no qual se põe dentro a gordura que une as tripas do porco, chamada gordura de folhos, junta-se a carne temperada, deixa dourar e cozer a fogo brando. Depois, corta-se o fígado e as tripas de porco e frita-se em lume fraco até alourar. Numa panela à parte, refoga-se a cebolinha picada com azeite e mistura-se o sangue cozido. Misturado tudo, o sarrabulho está prontinho e serve-se acompanhado de batatinhas. O caipira virou chefe de cozinha à moda portuguesa.

E a habilidade do cozinheiro foi tomando fama pela freguesia afora. Num dia de folga, que eram quase todos os seus, o gajo, jogando o papo fora na porta de um restaurante, recebeu um convite para trabalhar como ajudante do chefe. Acostumado a estar sempre desocupado, ele aceitou o desafio, mas com a condição de trabalhar somente à noite, nos finais de semana. Assim esteve a trabalhar por vários meses e a preparar os pratos mais saborosos da culinária lusitana, como os pastéis de bacalhau, bacalhau à brás, alheira de mirandela, caldeirada de peixe, polvo à lagareiro, queijada de cintra, pastel de Belém e caldo verde. E em pouco tempo, esteve a cozinhar por dias inteiros e a ganhar um bom salário.

Ainda continuava a viver com a doutora e no restaurante se tornou almejado pelas raparigas que lá frequentavam a casa. Certo dia, estava a passear com uma das raparigas pelo jardim e se bateu de frente com a doutora. Ela parou, encarou-o e vociferou:

— É bom que saibas que estarei a acertar tuas contas e vás a desaparecer de minha vida. Tudo aceitei de ti, mas traição de tua parte é ingratidão demais para minha pessoa!

O matogrossense largou a rapariga e se pôs a correr atrás da doutora. Chegando a casa, não houve como resistir aos desaforos. Os dois se atracaram numa briga de braçadas, tapas e socos de todo jeito. Gritos e gritos de socorro, ela pedia aos céus. A vizinhança acudiu a tempo, pois o gajo, enfurecido, correu à cozinha, pegou um punhal e correu para atacá-la. A doutora correu para a casa do vizinho, que fechou a porta ao ameaçador.

O policiamento chegou e a situação já reinava calma. O enfurecido companheiro da doutora havia desaparecido e ela passou a noite abrigada na casa do vizinho. Esteve a dormir por várias noites com os amigos socorristas e lhe foi arranjada uma rapariga para lhe fazer companhia todas as noites seguintes. A doutora retornou às atividades laborais na universidade e, numa tarde, ao chegar do trabalho, uma surpresa a aguardava: o sertanejo havia voltado, levado todos os seus pertences, arrombado o cofre e roubado o dinheiro e as joias, muitas relíquias de família.

Caso de polícia, novamente a doutora esteve a se envolver com escândalo e sua cara estampada nos periódicos locais. Vexada pelo que veio a público, ela entrou no comboio e foi visitar o Alentejo, sua terra natal, mas não encontrou ambiente junto aos antigos amigos. Estava tudo mudado: Alentejo já não era o mesmo de sua infância. Então decidiu ir procurar uma vivenda noutra freguesia e, finalmente, alugou um apartamento nas paredes, onde ninguém a conhecia. Todos os dias estava a ir de elétrico ou autobus para a universidade.

Do gajo não mais se soube por um tempo de dois anos, mas, numa bela manhã de outono, um dos filhos da doutora foi visitá-la e surpreendeu-a com um periódico policial para que ela visse a foto e a notícia da folha de rosto: era o próprio matogrossense, que estava preso por ter matado um idoso reformado numa briga de botequim. O choque a fez derramar lágrimas e o filho arrematou:

— Não te rales, minha mãe. O gajo teve o fim que mereceu, numa cela, e nós estamos aliviados de te ver livre desse perigoso monstro.

15. DOENÇA TERMINAL

Desde o início da colonização do Brasil pelos portugueses, temos diversas doenças que assolam a população, principalmente nas comunidades mais carentes. Embora o sistema de saúde tenha serviços médicos e medicamentos para combater tais enfermidades, eles não são suficientes para erradicá-las. Encontramos em todas as regiões brasileiras doenças ocasionadas, principalmente, pela falta de saneamento básico, por péssimas condições sanitárias em que vive grande parte das famílias na periferia das cidades, em vilas, povoados e no campo. É falta de esgoto e tratamento de água, são péssimas condições de higiene, a carência alimentar, enfim, uma série de fatores que causam o desenvolvimento de doenças que muitas vezes levam as pessoas a óbito.

Ainda hoje encontramos a malária, chamada de febre tersã, a tuberculose, a hanseníase, a febre tifoide, a hepatite e outras. O sistema de saúde pública possui programa de atendimento, distribui medicamentos gratuitos e acompanha o tratamento das pessoas afetadas por essas doenças, porém esses programas não alcançam o todo da população. Os pacientes que são tratados geralmente são pessoas pouco esclarecidas e não seguem as prescrições médicas, descuidam dos remédios e as doenças se tornam recidivas ou resistentes. É muito comum pacientes com tuberculose não seguirem o tratamento e o bacilo se tornar resistente; são os chamados super bacilos. Ocorre mais frequentemente em pessoas mal alimentadas, com baixa imunidade.

Conheci uma mulher que vivenciou o contágio da tuberculose em sua família. A história ocorreu na última década de 30 e início de 40. Um relato triste que ouvi com surpresa, pois não supunha que uma família de classe média alta pudesse ser quase dizimada por tuberculose porque naquele tempo a doença ainda não tinha cura.

Pai, mãe, dois filhos e uma filha pequena tinham vida regular na capital federal. O pai, alto funcionário do governo e com bom recurso financeiro promovia o bem-estar da família com conforto e participando das altas rodas sociais. Os filhos frequentavam colégios de elite, e o pai, versado em línguas, orientou-os com o melhor de seus esforços para vê-los formados e exercendo profissões relevantes na sociedade. Repentinamente, o filho mais velho, então universitário, apareceu doente. Após a consulta médica e exames, a tuberculose foi diagnosticada. Tratamento longo, ora internado em sanatório, ora com alta, ficava em casa, sob os cuidados da família. A mãe, naturalmente a primeira enfermeira do lar, cuidou todo o tempo do filho. Não houve tratamento que o curasse, o jovem faleceu. Naquele tempo, ainda sem cura para a doença, a morte era o óbvio.

Alguns meses depois, a mãe apareceu tuberculosa. Permanecia no sanatório por dias e retornava à casa, cercada de cuidados médicos, remédios e uma boa equipe de enfermagem. Nada contribuiu para o retorno da saúde. Ela também faleceu. A família ficou desolada pela perda de dois entes queridos: mãe e filho. Todos os cuidados foram tomados para a limpeza da casa, as roupas dos falecidos foram queimadas, os móveis substituídos, pintadas as paredes, enfim uma renovação do ambiente familiar. E assim continuaram a viver sob o mesmo teto. Não demorou muito, o pai sentiu febre, uma tosse típica da doença e, em busca de tratamento, foi aconselhado a se mudar para uma cidade com melhor clima para se curar. Levou o filho menor e a filha para viverem numa cidade mais fresca e mais próxima da vida no campo. O tratamento cuidadoso não foi suficiente, o pai havia se contagiado de tuberculose com a esposa e foi a óbito.

O lar da família teve que ser desfeito. Os parentes acolheram os órfãos. O adolescente felizmente não foi contagiado, passou a viver com um tio e logo que completou a idade do serviço militar, ingressou na Aeronáutica e seguiu carreira. Tornou-se um oficial. A menina, ainda na primeira infância, iniciando as primeiras séries na escola elementar, foi adotada por sua madrinha, que a recebeu como uma filha.

Os dias foram passando e não passou muito tempo, a menina apareceu com os sinais típicos da tuberculose. Diagnosticada, foi levada para o sanatório a fim de ser tratada por especialistas. Nesse tempo, a cura da doença estava chegando ao Brasil. A menina foi submetida a uma intervenção parcial no pulmão. Recebeu as prescrições médicas e deveria fazer o máximo repouso em seu quarto. Saía sempre acompanhada pelas enfermeiras para tomar o sol da manhã, com recomendação expressa de que não podia fazer exercício físico. Ficava sozinha no quarto e, cansada de ficar parada, deitada ou assentada na cama, um dia ela resolveu fazer ginástica, com os braços e pernas, em cima da cama. De repente, sentiu um estalo por dentro do peito e o sangue veio à boca. Foi um corre-corre. Nova intervenção cirúrgica e, dessa vez, mais grave. Um pulmão lhe foi tirado, certamente por estar totalmente contagiado pela doença. A pequena enferma permaneceu naquele sanatório por anos, até estar totalmente curada. Depois que recebeu alta, a paciente continuou a ser tratada e acompanhada por seu médico.

Durante a internação, ela assistiu a cenas que jamais esqueceu. Ficava na janela do quarto vendo a entrada e saída das ambulâncias que transportavam os tuberculosos, ora para serem internados, ora para fazerem exames fora do sanatório, e também carros de funerárias, que frequentemente conduziam os que tinham falecido pela terrível doença.

A ex-interna me narrou uma das cenas mais tristes a que assistiu naquele nosocômio. A ambulância parou na entrada e o tuberculoso foi colocado na maca. Era um jovem magérrimo, que vomitava jatos de sangue e gritava: "Viva a saúde! Viva a vida! Viva a juventude!". Estava em fase terminal e logo morreu. Outro idoso chamava pela família e ninguém aparecia para visitá-lo. A maioria dos pacientes não recebia visita de familiares, sabe Deus se por medo do contágio ou abandono do ente familiar. Houve uma mãe que ainda amamentava, tinha deixado o bebê e chorava compulsivamente. Cada paciente com sua história de vida e agravamento da doença. O sanatório era uma local em que se sabia de tudo e de todos, os casos mais graves e poucas curas, era o ambiente da esperança da recuperação e desespero da morte iminente.

Por ter ficado frágil, a enferma ia frequentemente à clínica do médico e, nos últimos anos, as consultas e exames passaram a ser anuais. O especialista lhe recomendou que não poderia ter filhos, mas ela casou-se e desafiou os conselhos. Engravidou e foi mãe de uma robusta menina. Com a filha nos braços, ela compareceu ao médico e lhe disse: "Doutor, aqui está a minha vitória!".

Bem mais tarde, a paciente mudou-se para outra cidade, onde ninguém a conhecia, e ela também não disse às amigas nada do seu passado, tampouco do estigma que lhe restou. Coincidência ou não, verdade é que seu primeiro emprego foi na área de saúde, como atendente de um médico no serviço público. Para ser admitida teve que ser submetida a vários exames, inclusive, fez uma abreugrafia. O profissional que fez a leitura desse exame mandou chamá-la e, surpreso, queria saber por que havia um lado de seu pulmão completamente escuro. Tendo esclarecido que era a lacuna da falta do pulmão, ela se tornou funcionária do governo.

16. RELATO DE UM SEQUESTRO

No Brasil, de acordo com a época, aparecem determinados tipos de criminosos. Recentemente, os crimes que vemos com mais incidência são as modalidades de assaltos a lojas, a caixas eletrônicos, a bancos, a carros fortes, a casas lotéricas, a estabelecimentos comerciais, a mansões e edifícios, a transeuntes e a passageiros de ônibus. Os bandidos utilizam automóveis, motos e até bicicletas, enfim, especializam-se em cada forma criminosa de viver. Hoje, ouve-se com menos frequência sobre os batedores de carteira que ousam enfiar a mão na bolsa ou tomá-la enquanto as mulheres caminham na rua. Os telefones celulares têm sido o alvo dos assaltantes de rua. Assim como existem especialistas em diversas profissões, existem também os especialistas em assalto que, afinal, em terra de ninguém também virou profissão.

Há algumas décadas surgiram os sequestros, causando o terror das famílias mais abastadas. Os sequestradores sabiam quem eram os grandes empresários, vigiavam suas residências, acompanhavam a rotina deles e planejavam meticulosamente como realizar o sequestro, onde esconder o sequestrado, quem iria ficar de guarda, sabiam o telefone da família e como pedir o resgate, onde receber o resgate com segurança, enfim, com tudo preparado, geralmente rendiam o sequestrado na saída do carro de sua mansão ou edifício. Em muitos casos, os sequestradores praticavam atos de crueldade ou matavam o refém. Outras vezes, a polícia conseguia descobrir o esconderijo e prendia os malfeitores.

Numa família de conhecidos empresários, donos de uma rede de lojas de departamento, foi executado um terrível sequestro. A família tinha uma residência de campo encrustada ao pé de uma montanha próxima à cidade grande, onde estava situado o maior número dos estabelecimentos comerciais de que eram donos. O grande empresário dirigia os negócios sem a ajuda dos filhos. Apenas a esposa compartilhava com o marido a administração, porém, em cada loja havia um gerente que dava conta do funcionamento e dos lucros do negócio. A filha mais velha era dona de uma rede de academias de ginástica e administrava todas elas. O segundo e o terceiro filho eram médicos de especialidades diferentes: um cirurgião plástico e outro cirurgião neonatal. Logo, nenhum dos filhos se dedicava aos negócios dos pais.

Em finais de semana prolongados, a família se reunia com alguns amigos na mansão do sítio. Ali festejavam tudo, faziam churrascos que se prolongavam noite adentro. Pessoas e parentes viajavam de outras cidades para aquele recanto longe do ruído da cidade e descansavam enquanto comemoravam os aniversários, o Natal, a passagem do Ano Novo, o Carnaval, os dias da Semana Santa.

Todos estavam participando alegremente de um churrasco, a música tocava, perceberam que a luz faltou e, repentinamente, chegaram três carros, que estacionaram na frente da varanda da casa. Os sequestradores desceram empunhando fuzis, rendendo todos e, num átimo, levaram a esposa do empresário e o filho mais novo para dentro dos carros. Zarparam em alta velocidade, e todos ficaram estupefatos com a ousadia dos bandidos. Crianças choravam, as mulheres em pânico socorriam os menores, os empregados horrorizados e os homens entraram nos carros e partiram atrás, mas em vão, não conseguiram alcançar os sequestradores. A ação foi bem planejada e rápida demais e ninguém podia supor tamanha barbaridade num lugar completamente isolado e distante do movimento urbano.

Imediatamente após o fato, os convidados se retiraram consternados e os demais familiares retornaram à cidade. A casa da família se encheu de parentes e amigos em solidariedade ao sofrimento e ansiedade do pai, dos filhos e netos. A polícia foi avisada; buscas por diversos locais suspeitos foram efetuadas e, por mais de quinze dias, nem sinal dos sequestradores. Esperaram ansiosamente um contato. Passaram noites em vigília e a qualquer chamada do telefone todos ficavam em suspense. Somente depois de três semanas houve o primeiro contato. O bandido pediu um resgate vultoso para soltar os reféns e marcou o lugar da entrega. Apenas o empresário pôde comparecer para levar o dinheiro. Orientado como iria chegar ao local, ele deixou o carro e foi a pé, passou por uma curva fechada numa floresta, caminhou até um lugar ermo e deixou o pacote no meio de umas pedras. No caminho de volta para o carro, viu o filho, que correu em sua direção chorando compulsivamente. O encontro foi doloroso demais e a esposa não apareceu. O filho disse que depois do sequestro, ele ficou vigiado noite e dia num casebre, a pão e água, e não havia visto a mãe um dia sequer.

A situação ficou mais tensa com o desaparecimento da mãe. Dois meses se passaram e, finalmente, a chamada por telefone. Eram os sequestradores, que pediam outra soma imensa pela soltura da mulher, praticamente o dobro da anterior. O empresário não tinha esse dinheiro. Recorreu a empréstimos bancários, aos cofres das lojas, aos amigos e não conseguiu o valor pedido. Negociou por telefone com os bandidos e eles abaixaram a quantia. Assim, foi a outro local do resgate e deixou o combinado. Mas a esposa não apareceu. Ela foi deixada em uma rua próxima à que morava e chegou a casa sozinha. Um quadro deplorável: a mulher estava cadavérica, vestia a mesma roupa com que havia sido sequestrada e estava imunda, suja de fezes, o cabelo embolado como uma cachopa e num só emaranhado. Havia ficado presa num quartinho minúsculo, com pão e água, defecando num buraco do assoalho podre e dormindo no chão. O pão e a água lhe eram servidos por uma pequena abertura na parede de tábua.

A sequestrada foi recebida pela família, que logo cuidou da sua higienização, alimentação, e médicos foram chamados para o tratamento adequado. Mas a reação dela não podia ser diferente da que foi. Ela entrou em séria crise de depressão e ficou internada no hospital por meses, recebeu os cuidados necessários e a consequência não foi boa. Recebeu alta médica, porém tinha recaídas da doença.

Assim que a família recebeu a mãe da internação, tratou de se mudar para outra cidade bem longe daquela que lhes trouxera tantos dissabores.

17. VONTADE DE FICAR BRANCA

Num sítio que conheci vivia a família dos donos das terras e algumas famílias de colonos. Eles eram pessoas paupérrimas, que moravam em ranchos cobertos de sapé, geralmente com duas ou três repartições: uma pequena sala onde havia um velho banco de madeira, um quarto onde havia um estrado de madeira coberto com uma esteira, sem roupa de cama e nenhum travesseiro, e algumas esteiras esfarrapadas e enroladas debaixo da cama para, à noitinha, serem abertas no chão do quarto ou da sala para os filhos dormirem. E que criançada magra e subnutrida, quase nuas, vagavam pelo terreiro, entrando e saindo de casa sem ter o que fazer!

Os meninos maiores costumavam ajudar o pai na capina das plantações e as meninas maiores ficavam fazendo uma coisa ou outra, como carregando lenha do mato para abastecer o fogão feito de barro e caindo os pedaços. Na cozinha, geralmente havia um ou mais banquinhos de toco de madeira, colocados no canto para quem quisesse assentar. Sobre o fogão, sempre fumegando, velhas panelas escuras e tortas, mal tampadas, que serviam para cozinhar o cumê – a canjiquinha e o feijão de todo dia. Uma chaleira para ferver a água do café adoçado com rapadura servido nas canecas de lata, bebida que era sagrada de manhãzinha e pela tarde, antes da janta. As vasilhas da cozinha ficavam no canto do fogão e eram pratos de ágata descascados, garfos e colheres de pau, cuias ou coités usados para lavar a canjiquinha e o feijão e uma coadeira de café de madeira com um coador de pano.

Numa janelinha da cozinha punham um pequeno jirau suspenso por duas cordas e em cima ficava uma gamela para lavar as vasilhas. A água da bica era carregada em latas pelas meninas e colocada sobre o jirau. Dentro, ficava um coité para tirar a água e colocar na gamela. Depois de lavar as vasilhas, a água suja era lançada no terreiro pela janela. As crianças tomavam banho na bica e os adultos numa bacia grande, colocada no quarto para esse fim.

Além da comida rotineira de canjiquinha com feijão feita com sal e pouca gordura de porco vendida pelo patrão, às vezes arrancavam raízes de inhame ou aipim, cozinhavam e comiam como um excelente petisco. Poucas famílias de empregados do sítio criavam galinha. O milho para alimentá-las era escasso e as aves comiam mais capim e ficavam quase sempre muito magras. Havia poucas galinhas poedeiras e um ovo frito era repartido para três crianças. Famílias subnutridas, em que as crianças cresciam magérrimas, com verminose visível pela barriga grande e membros atrofiados. Quadro desolador de extrema pobreza.

Os colonos costumavam dar os filhos menores para serem criados pelas famílias que tinham mais recursos. Era a forma de saber que os pequenos estariam mais bem nutridos e de diminuir a provisão alimentar de casa. Algumas crianças eram dadas para famílias de cidades distantes, aos parentes dos patrões, aos padrinhos; outras, distribuídas pelos vizinhos sitiantes. As meninas iam para fazerem os serviços domésticos e os meninos para trabalharem fora de casa.

A família proprietária do sítio a que me refiro criou três meninas. Logo que se casaram, receberam a primeira menina mulata. A pequena ficou órfã de pai. A mãe, que morava no lugarejo vizinho, distribuiu as filhas para os conhecidos, mudou-se para a cidade do Rio de Janeiro e nunca mais se soube dela. A menina cresceu naquela casa, frequentou escola e trabalhava como se fosse adulta. Desde adolescente assumiu a roupa de todos da casa, lavando, passando e cozinhando, tarefas que só deixou após se casar.

A segunda menina adotada pela família do sítio era muito clara, ruiva e cheia de sardas no rosto. A garota fez perigosa peripécia a fim de se livrar das sardas. Passou leite de figo no rosto e foi se deitar ao sol, esperando queimar a pele e ficar limpa das sardas. Teve queimadura forte, que infeccionou seriamente e levou dias para arrefecer. Sacrifício em vão: as sardas reapareceram com a renovação da pele.

A terceira garota adotada era filha de uma família de colonos cujas condições de pobreza foram descritas acima. Era negra. Volta e meia a menina demonstrava imensa tristeza por sua cor. Possuía irmãs mais velhas que cedo saíram de casa e foram trabalhar de domésticas na vila próxima. A pequena ficou em companhia dos pais e dos vários irmãos maiores e menores. Foi adotada pela patroa para assumir serviços da casa e, de acordo com o avançar da idade, iria ser a empregada completa.

Na casa dos patrões tinha um engenho de moer cana e com a garapa faziam rapadura. O engenho, puxado por juntas de bois, iniciava a moagem da cana pela madrugada. O caldo da cana escorria por uma canaleta de bambu e escoava num imenso tacho. Embaixo do tacho, o fogo aceso ia fervendo a garapa até secar e transformá-la em puxa que, a seguir, colocava-se nas formas de rapadura.

Certo dia, a menina, conversando na escola, algumas colegas lhe disseram que ela poderia ficar branca se jogando no tacho de rapadura. Chegou a casa feliz, anunciando que queria se jogar no tacho de caldo de cana fervendo para ficar branca. A patroa se arrepiou de medo, comunicou aos demais membros da família e disse com veemência que ela estaria morta se fizesse aquilo. E foi necessário manter uma vigilância constante sobre ela que, inocentemente, havia acreditado na conversa absurda das amigas da escola.

18. LENDA GREGA

O conto que vou relatar vem da Grécia antiga. Surgiu em consequência da religião politeísta dos gregos. Esse povo atribuía os acontecimentos da vida aos deuses que se assemelhavam aos homens em suas características físicas e eram portadores de defeitos e virtudes. Os homens, tidos como heróis, eram semelhantes às divindades e suas proezas deram origem à mitologia grega, logo, a mitologia grega era antropomórfica. Além dos deuses, havia os titãs (deuses mais velhos e de uma força superior), os gigantes, os heróis, as musas, as moiras, as deusas e uma série de divindades adoradas nos templos. Cada cidade cultuava alguns deuses e, em Atenas, o culto aos deuses acontecia no Monte Olimpo, por meio de orações, sacrifício de animais e libações. O povo consultava as pitonisas para previsão do futuro. O principal templo da pitonisa era o de Delfos. Praticavam jogos homenageando os deuses. Os jogos tinham importante papel na participação social, tanto que os Jogos Olímpicos, ainda hoje realizados de quatro em quatro anos, tiveram início na Grécia antiga.

A lenda grega é sobre uma jovem, Lucânia, que havia conhecido Petrus e, por intercessão de Afrodite, a deusa do amor, apaixonou-se perdidamente por ele. Petrus tinha um irmão gêmeo e os dois se pareciam muito. Se vistos juntos ou separados, podia-se dizer que eram a mesma pessoa. Lucânia consultou o deus Apolo, um belo jovem músico, que tangia a lira para os deuses, com múltiplas funções de arqueiro, corredor, deus da luz, da agricultura, do gado, da verdade e, principalmente, o deus da profecia, segundo o poeta Homero. Ela pediu a ele que predissesse o seu futuro. Ouvindo os conselhos de Apolo, Lucânia soube que havia sido feliz na escolha do amado e seria correspondida, mas uma grande tragédia lhe aconteceria em futuro próximo. A jovem ficou desolada e muito preocupada com a previsão de Apolo. Decidiu ir ao Oráculo de Delfos a fim de consultar a pitonisa do templo. A Pítia, vestida de camisolão branco, assentada diante da trípode fumegante, recebia pessoas de todas as partes, que queriam saber do futuro, das alegrias ou fatalidades que o destino lhes reservava.

As pitonisas gregas passavam o dia no templo e se acomodavam sobre uma abertura do solo, de onde saía uma fumaça com odores estranhos. Qual foi a surpresa de Lucânia! Depois que a ouviu, a pitonisa se concentrou, estendeu os braços sobre a fumaça, aspirou-a, começou a emitir sons estranhos e, numa linguagem confusa, a jovem pôde saber algo mais acerca da tragédia que fatalmente ocorreria em sua vida. É que o destino das crianças, quando nasciam, era traçado pelas Moiras, que predeterminavam seu futuro, e, para cada etapa da vida, distribuíam uma porção de bens ou males, embora os males pudessem ser aumentados durante a vida pela própria pessoa. E o destino de Lucânia estava traçado. Quem determinava a quantidade de quinhões de bens ou males era a moira Láquesis. Vistas como anciãs severas, as moiras, às vezes virgens desoladas, eram tidas como fiadeiras que teciam o fio da vida.

A moira Cloto, fiadeira principal, tecia durante o dia, e Átropos, desfiadeira implacável, cortava o fio da vida durante a noite. Um incessante fiar e desfiar o fio do destino de Lucânia. Ela sabia que as decisões das moiras eram fatais e nem mesmo os deuses tinham poder de mudá-las. A mensagem da pitonisa foi clara: além da predeterminação das moiras, Erínias, também chamada Fúrias, divindade administradora da vingança divina, tinha trabalhado contra ela e a desgraça não poderia ser evitada.

Que fazer na iminência de uma desgraça de amor? Lucânia estava terrivelmente afetada pelos males de Anteros, deus do amor desgraçado, e não poderia evitar o que viria a acontecer por força do destino traçado pelos deuses. Mas Eros, o deus do amor e do desejo, havia contagiado a jovem com seus maravilhosos dons. Ela e seu amado Petrus, mesmo assim, casaram-se. E que festa de núpcias para os apaixonados, promovida com grande banquete, em que os deuses estavam presentes e as três Graças, deusas promotoras da beleza, da alegria e do charme, dançaram para os deuses e os mortais!

Lucânia, durante o tempo anterior às núpcias e depois de esposada, nada disse a Petrus sobre a maldição de seu destino traçado pelas moiras, pelos deuses e dito pela pitonisa. No entanto recorria a Hera, esposa de Zeus e rainha de todos os deuses, protetora dos casamentos e das mulheres casadas. E quando adormecia, ficava envolvida por Morfeu, deus dos sonhos, momento em que os pesadelos sobre o seu destino a atormentavam.

Lucânia tinha no templo a função de cuidar da limpeza diária e todas as noites, depois dos cultos que os humanos ali praticavam, ela adentrava para seu ofício. O dia fatal chegou. O templo estava vazio, pois todos haviam se retirado e, no momento em que abriu a grande porta de entrada, deparou-se com uma cena estarrecedora: duas cabeças estendidas perto de dois corpos jaziam sangrando pelo chão, e Lucânia reconheceu os corpos: eram do esposo e do irmão gêmeo. Desesperada, ela chorava compulsivamente e abraçava um corpo e outro, confusa por não saber qual era Petrus e qual era seu irmão. As lágrimas que Lucânia derramava escorreram e chegaram aos pés do deus supremo, Zeus. Ele governava o mundo e todos os demais deuses o obedeciam e o tinham como pai. Zelador da ordem e harmonia do universo, reinava sobre todas as coisas e todas as vontades.

Zeus viu as lágrimas de Lucânia e seu coração se compadeceu pelo sofrimento da esposa de Petrus. Repentinamente, banhada em lágrimas, ela ouviu a voz de Zeus, que a confortou e perguntou o que queria dele. Suplicante, Lucânia pediu que restituísse a vida ao seu amado. Zeus esclareceu que podia atender apenas a um pedido. Assim foi feito pelo deus maior do Olimpo. As cabeças separadas e roladas pelo piso do templo voltaram para os corpos, e os dois irmãos reviveram imediatamente, colocando-se de pé.

Que surpresa para Lucânia quando viu os irmãos voltarem à vida, e surpresa maior vendo que a cabeça de seu esposo estava agarrada ao corpo do cunhado e a cabeça do cunhado ao corpo do esposo! Que fazer com a desastrosa troca? Não ousou pedir mais nada a Zeus, já que tinha direito a um só pedido...

19. DA DATILOGRAFIA AOS APLICATIVOS

Nesse início do terceiro milênio, ainda se encontram pessoas que vivem nos moldes do meado do século passado. Numa fazenda do interior das Minas Gerais, tia Ingrácia vivia sozinha em sua propriedade desde que o marido havia partido deste mundo. Fazia anos que não se comunicava com os sobrinhos sobreviventes da família dos Sousa e Gomes. A vida da tia na fazenda continuava a mesma desde que se casara, e naquele tempo recebia a visita dos irmãos e sobrinhos, que conheceram o dia a dia da roça, que começava com o cantar do galo ao amanhecer e terminava à luz de lamparinas, na hora de ir para a cama, pelas 6 ou 7 horas da noite.

Na cidade, não muito distante da fazendinha da tia Ingrácia, um sobrinho, daqueles parentes que decidiu se embrenhar na política, tornando-se um deputado bem votado e querido na região, resolveu fazer uma festa de confraternização dos amigos seus eleitores e parentes, os de perto e os de longe. Ao relacionar os convidados, teve a remota lembrança da tia Ingrácia, de quem não tinha notícia desde que ela enviuvara alguns anos antes. Com antecedência de dois meses, enviou um cartão para a tia, convidando-a para a festa. A correspondência seguiu para o endereço dos correios da vila próxima à fazendinha da tia quase esquecida pela família. O sobrinho desejava mesmo refazer os laços familiares com a tia Ingrácia, a última irmã viva de seu pai.

Um dia antes da festa, aconteceu a surpresa: tia Ingrácia apareceu na casa do sobrinho. Portava uma mala grande excessivamente antiquada, feita de papelão colorido e xadrez, um embornal de queijos feitos por ela e uma caixa de goiabada da roça. O sobrinho apreciava muito os queijos e goiabada da fazenda porque nas férias de sua infância passava dias com os queridos tios Sousa e Gomes naquele recanto que mais se assemelhava ao fim do mundo.

A viagem de ônibus ocorrera regularmente e, ao se aproximar do portão da casa do sobrinho, ela viu um homem de uniforme preto que, do lado de dentro, perguntou-lhe com quem queria falar. Tia Ingrácia se surpreendeu com a recepção e disse que havia ido visitar o sobrinho. Ele a esperava e, alegremente, abraçou a tia que, depois de tanto tempo, achava-se carcomida e bastante envelhecida, não somente pela idade de quase octogenária, mas pela vida rude da fazenda.

Ao entrar na elegante sala de visitas, a esposa do sobrinho cumprimentou-a com o sorriso costumeiro de mulher de político e a fez assentar, conduziu sua mala ao quarto de hóspedes e retornou para conversar com a visitante os assuntos corriqueiros de parentes que não se viam havia muito tempo. Não entabularam longa conversação porque o telefone celular do sobrinho tocou, e ele apanhou um pequeno tijolinho preto que estava sobre a mesa, levantou-se e foi para a varanda, falando como se estivesse a conversar com uma alma do outro mundo.

"Falando sozinho, Deus meu! Que é isso!", assim pensou tia Ingrácia, que o acompanhou com os olhos de curiosidade por aquele comportamento estranho do político.

O sobrinho retornou para dar continuidade ao assunto e, mal começaram, outro ruído de telefone e, desta vez, a sobrinha pegou um tablete branco que estava sobre o barzinho e se deslocou para a varanda, também falando coisas estranhas. Sem ter ninguém por perto, segurava o tablete ao ouvido e falava, ria, contava casos, algo misterioso para a tia fazendeira.

Conduzida ao quarto, tudo novo para a velha senhora. Cama e travesseiros fofinhos e tudo branco, portas, cortinas e tapete, um luxo jamais visto pela tia do interior. Uma mesa branca, cadeira estofada e um aparelho escuro, que parecia um rádio fixado na parede bem em frente da cama. Encontrou atrás da porta um banheiro, onde ela necessitou descobrir como abrir as torneiras da pia e do chuveiro, e que saga para conseguir apertar a descarga, pois naquele conforto todo, como poderia deixar seus detritos fedorentos a contaminar o banheiro daquela rica mansão?

CONTOS PROVINCIANOS E CRÔNICAS

Tia Ingrácia precisou retornar à juventude e colocar à tona sua capacidade de renovação naquela casa tão cheia de frescura. Conseguiu tomar um banho, depois de procurar um pedaço de sabão no banheiro, recorreu aos óculos para ler os rótulos das embalagens de uma parafernália de vidros e cremes que havia sobre a pia. Finalmente, num estava escrito: sabonete líquido, apelou para este e conseguiu abrir a torneira do chuveiro e se lavar.

Acomodou-se na sala junto ao casal esperando o jantar e conversando, recordando os parentes que já tinham partido para a eternidade. As conversas de tia Ingrácia só circulavam em torno do antigamente, de fatos passados, parentes que haviam morrido, casos ultrapassados e assuntos que ninguém mais queria ouvir! Que chatice para a família altamente conectada ao mundo moderno! Repentinamente, entra pela porta da sala um rapaz de barba rala, carregando um pasta preta, o qual apenas disse um oi aos pais e olhou com ar de descaso para a velha caipira, deu um sorriso sem graça e foi passando batido. O pai o chamou:

— Rafaelzinho, esta é minha tia que veio da fazenda para nos ver e para a festa de amanhã. Era a irmã mais velha de seu avô.

O jovem estendeu educadamente a mão à velha tia e disse o costumeiro muito prazer. Foi ao quarto e retornou à sala, assentou-se na frente de um objeto estranho e batia os dedos como se estivesse escrevendo numa máquina de escrever.

A tia observava tudo atentamente. O rapaz passou a mão na testa e reclamou aborrecido:

— Mãe, foi a senhora que abriu o seu face no meu computador, não foi?

A mãe respondeu simplesmente:

— Faz dias, filho, que eu não entro nas redes sociais! Pode ter sido sua irmã!

O jovem continuou embevecido, olhando o aparelho, e não conversava com ninguém mais. Parecia estar sozinho.

O tablete negro do sobrinho tocou novamente, ele se levantou e foi para a varanda falando alto, gesticulando nervoso e segurando o aparelhinho colado à orelha. Na mesma hora, outra campainha chama e a sobrinha recolhe o tablete branco e sai para a copa, encosta-se numa cadeira e começa um assunto de roupas, moda e não sei mais o quê. Parava de falar, continuava às gargalhadas, algo ridículo para uma pessoa sã de mente. Voltando para a sala, a sobrinha anunciou à tia:

— Ah tia! Eu baixei um aplicativo que é o máximo. Eu falo com qualquer pessoa de graça! Maravilhoso, a senhora não acha?

Mesmo sem entender nada, a tia deu um sorriso sem graça e concordou...

Tia Ingrácia ficou silenciosa, apreciando a fala e o sorriso da sobrinha e a discussão do sobrinho, ora zangado, falando firme e dando ordens sabe Deus pra quem naquele aparelho preto! O rapaz parou de falar e continuou olhando o aparelho e batendo com os dedos, completamente absorto, não via a mais ninguém.

A porta se abriu e entrou uma adolescente com um objeto na mão, dois fios pendurados nos ouvidos, cantarolando um ritmo estranho. Passou pela tia e nem a enxergou. Foi batida para o seu quarto e fechou a porta.

Tia Ingrácia observou a estranheza daquela família. Não havia diálogo e cada um vivia no seu mundo, falando com aparelhos, parecendo estranhos vivendo na mesma casa! Não era um lar e, sim, um ambiente frio e sem vida. Faltavam comunicação, afeto e amor fraternal. De todos os quartos ouvia-se um som de música ou alguém falando, mas não era a voz das pessoas da família.

Na hora do jantar, foram para a mesa. A adolescente saiu do quarto com os mesmos fios conectados aos ouvidos e a mãe lhe disse:

— Filha, esta é tia Ingrácia, que veio de longe, da fazenda, e está aqui para conhecer você e seu irmão e para a festa que daremos aos amigos.

A jovenzinha retirou o fio de uma das orelhas, com um sorriso estendeu a mão à tia, deu-lhe dois beijinhos cordiais na face e falou:

— Muito prazer, tia!

Voltou a colocar o fio no ouvido e assentou-se para a refeição. O marido e a esposa colocaram o aparelhinho estranho ao lado do prato e volta e meia falavam para alguém. A essa altura, a tia compreendeu que outra pessoa longe dali estava se comunicando com eles. Silêncio absoluto durante a refeição! O rapaz continuou cabisbaixo, batendo com os dedos na moderna máquina de escrever. De repente, ouviu-se o rapaz falar para a estranha máquina e vir assentar-se para o almoço. A velha tia não sabia mais o que pensar: "Não pertenço a esse mundo de conversar com máquina de escrever, falar com aparelhos esquisitos, cantarolar com fios nos ouvidos, assim não dá mais! Vou-me embora pro meu mundo. Lá eu sou feliz e tenho com quem conversar!".

Tia Ingrácia, sentindo-se completamente deslocada naquela família, esperou pela festa do outro dia, pois ia ser o aniversário do sobrinho político. O grande salão de festas do condomínio abrigou centenas de pessoas da alta sociedade, que usufruíram dos quitutes preparados por um famoso buffet. Ela se sentiu um ser à parte do mundo e, no outro dia, viajou de volta à fazenda, com a promessa de voltar no final do ano para a festa do Natal em família.

Os meses correram rápido e, às vésperas do dia de Natal, chegou novamente a velha tia fazendeira. Trazia a mala de papelão cujo modelo ninguém conhecia. Devia ter sido usada para guardar o enxoval de noiva de seu casamento, ainda na década de 50 do século passado. Além da mala, ela conduzia uma caixa de papelão bastante pesada.

Depois de se acomodar no quarto que já lhe era familiar, ela abriu a caixa e retirou uma máquina de escrever da marca Olivetti, daquelas fabricadas nos tempos da Conchinchina. Trouxe um envelope de papel almaço sem pauta, amarelados pelo tempo, e colocou a primeira folha na máquina, adaptou o papel no ponto de escrever e bateu as teclas escrevendo um bilhete para cada pessoa da casa. Todos os bilhetes tinham a mesma mensagem: "Feliz Natal! Deus te abençoe e te acompanhe! De tua tia Ingrácia!".

À noite, na hora da festa de Natal, em meio a comestíveis que ela desconhecia e ao som de um conjunto musical tocando ritmos modernos, grande parte das pessoas continuava a falar em seus aparelhos segurados no ouvido. A tia abraçou amorosamente a todos os sobrinhos e entregou a cada um sua mensagem de feliz Natal...

20. O REI INFELIZ

Num país do Oriente vivia um rei muito rico, cercado de mordomos, roupas bordadas a ouro, coberto de joias e coroa de diamantes e pedras de Ofir. O trono real era feito de ouro e pedras incrustadas, refletindo o luxo inigualável aos demais soberanos. O palácio promovia festas e banquetes que duravam semanas, com os salões cheios de convidados, dançarinas ao som da cítara alegrando os convivas. A riqueza que o palácio ostentava jamais foi vista em todos os reinos da Terra.

Embora vivendo em meio ao luxo e à ostentação, o rei não era feliz. Carregava um sentimento de tanta tristeza que ninguém conseguia demovê-lo de seu semblante sombrio e desgostoso. A fama do rei infeliz era sabida de todos os serviçais do palácio e dos seus súditos. A rainha, os generais, os guardas palacianos procuravam presenteá-lo com tudo que pensavam alegrá-lo, mas nada tinha o poder de fazer o rei se sentir feliz. Os chefes da cozinha real o regalavam com os melhores pratos da culinária e o rei continuava impassível, portador de uma tristeza que refletia a olhos vistos. Todos os médicos do reino e do estrangeiro foram convocados ao palácio para receitarem um medicamento que pudesse curar o rei de tamanha infelicidade. Cada um deixava seu conselho. Uns lhe aplicavam unguentos e faziam massagens nas zonas que diziam ser as regiões do prazer, outros receitavam chás de raízes medicinais, de pós-trazidos do Ocidente e o soberano não melhorava.

Os adivinhos e magos também foram chamados e permaneciam no palácio fazendo várias tentativas, preparavam poções miraculosas, rituais estranhos e todo tipo de artifício para fazer o rei se sentir feliz. Nenhum deles foi capaz de mudar o sentimento de tristeza do rei. Ele, inconformado, lançou mão do último recurso que lhe restava: baixou um edito procurando os sábios do reino e de outras terras que soubessem um conselho que pudesse minorar sua infelicidade. Acorreu ao palácio uma multidão de homens de ciência, os famosos sábios do Oriente e Ocidente, e nenhum foi capaz de trazer alegria ao soberano. Depois de tantos apelos, decidiu continuar seu destino fatal de ser um rei infeliz até que a morte o conduzisse às alegrias do reino celeste.

Certo dia, apareceu um homem maltrapilho nos portões do palácio e pediu aos guardas uma audiência com o rei. Os guardas, vendo que o velhote estava vestindo andrajos, temeram que o rei fosse importunado por aquele ancião sujo e não consentiram a audiência. E, a partir daquele dia, todas as manhãs o maltrapilho ia aos portões do palácio com o mesmo pedido. Mas os guardas sempre respondiam negativamente.

Numa manhã, o velhote vestido em andrajos não apareceu, mas ficou escondido atrás da árvore ao lado dos portões de entrada das garagens das carruagens reais e, no momento em que avistou uma carruagem chegando, ele se agarrou na parte de trás e foi arrastado para a garagem. Assim, dentro do palácio, escondia-se aqui e ali pelos cantos, caminhou em longos corredores atapetados e, finalmente, encontrou o salão onde estava o rei assentado no trono. Os guardas que vigiavam a entrada do salão rapidamente avançaram e o seguraram, arrastando-o para fora. O rei, assustado, assistiu a tudo e ouviu os gritos do maltrapilho:

— Eu preciso falar com o rei! Tenho a cura pra ele! Só eu poderei curá-lo!

O rei ordenou aos guardas que soltassem o velhote e o trouxessem à sua presença. Caído aos pés do soberano, o mendigo retirou o chapeuzinho esfarrapado, fez uma reverência, curvando-se quase até o chão, e assim falou:

— Meu senhor e meu rei, todos sabem que Vossa Majestade é um rei infeliz! Eu sei como o meu rei será curado!

O rei olhou com descrédito o pobre maltrapilho e respondeu:

— Pois então diga! Se eu ficar curado dessa tristeza que trago dentro de mim, eu lhe darei uma grande recompensa!

O velhote simplesmente disse:

— Para Vossa Majestade deixar de ser infeliz, deve vestir a camisa do homem mais feliz do mundo!

O rei arregalou os olhos e perguntou:

— Mas onde está este homem? Diga logo e, seja lá onde for, eu irei para lhe pedir a camisa!

O maltrapilho finalizou:

— Se Vossa Majestade quiser ir comigo, eu o levarei a casa dele!

O rei imediatamente mandou preparar a carruagem e seguiu com uma comitiva, levando o maltrapilho ao seu lado. A carruagem foi guiada para o endereço indicado pelo velhote. Cruzaram a cidade, entraram num bairro, passaram por belas mansões e perceberam que as casas ficavam mais pobres à medida que a carruagem andava. No final da rua, não havia calçamento e a carruagem passou por poças d'água, subia e descia ruelas escuras e, no final, o maltrapilho mandou o cocheiro parar ao lado de uma choupana coberta de sapé. O rei, surpreso e sem compreender, desceu da carruagem com o velhote e se dirigiu ao homem seminu, que apenas trajava um pano roto enrolado sobre os quadris. O homem, também idoso, estava assentado na frente da choupana, tecendo um fuso e, quando viu Sua Majestade chegando, levantou-se e reverenciou o rei com a costumeira curvatura corporal.

O rei perguntou ao idoso:

— O senhor é mesmo o homem mais feliz do mundo?

O idoso sorrindo respondeu:

— Sim, Majestade, eu sou o homem mais feliz do mundo!

O rei continuou e lançou sua pergunta derradeira:

— O senhor pode me deixar vestir a sua camisa?

O idoso, meio cabisbaixo, meneou a cabeça em tom negativo e humildemente falou:

— Ora Majestade, se eu pudesse, seria um prazer, mas eu não tenho camisa...

21. O FILÓSOFO E O REI

Alguns séculos antes de Cristo, governaram a antiga Macedônia o rei Felipe II e seu filho Alexandre Magno ou Alexandre, o Grande, que se tornaram famosos na história antiga. Esse rei tornou-se um dos maiores militares conquistadores de outras terras. Aos 20 anos, Alexandre assumiu o trono da Macedônia após o assassinato de seu pai.

Alexandre Magno foi valente e ousado nas conquistas que empreendia. Agia com perspicácia e planejou fazer a unificação do Oriente ao Ocidente, fazendo com que a Macedônia se tornasse um império grandioso. Marchou com seu exército sobre as regiões vizinhas, conquistou o Egito, indo até à Índia, ampliando seu império com brilhantismo e galhardia. Os grandes historiadores afirmam que seu pai, Felipe II, sabedor da existência de um dos mais sábios filósofos de seu tempo, o grego Aristóteles, mandou buscá-lo em Atenas, para que fosse preceptor de seu filho Alexandre quando ele ainda estava com a idade de 13 anos.

Sob os ensinamentos do filósofo, o aprendiz mostrou-se rápido de raciocínio, versado na literatura, retórica, artes médicas, ciências físicas e naturais, política e filosofia, entrando em contato com obras de Píndaro e Eurípedes. Tornou-se um grande admirador da cultura grega. Apreciador das artes marciais, Alexandre dedicava-se a domar cavalos. Nas batalhas em que sempre saía vitorioso, seu cavalo, Bucéfalo, foi partícipe e mereceu ser retratado em esculturas e mosaicos que hoje são encontrados em livros e museus, como o antigo mosaico achado nos destroços da cidade de Pompeia, destruída pelo vulcão Vesúvio, na Itália. O Museu Nacional de Arqueologia de Nápoles mantém em seu acervo o referido mosaico em que Alexandre aparece montado no cavalo Bucéfalo.

Concomitante às conquistas de Alexandre, vivia em Atenas um filósofo que se tornou conhecido por sua sabedoria, conselhos à juventude, prática das virtudes e estilo de vida excêntrico. Pertencente à escola filosófica dos Cínicos, Diógenes foi considerado o mais importante dessa vertente de pensadores. O filósofo vivia num barril localizado próximo ao porto da cidade e se alimentava de esmolas. Andava quase nu, trajando-se apenas com um pano envolto nos quadris. Diógenes caminhava durante o dia pelas ruas de Atenas com uma lamparina acesa. Os jovens, seus alunos e admiradores o acompanhavam e lhe perguntavam:

— Mestre, o que o senhor está fazendo com essa luz acesa durante o dia?

Ele simplesmente respondia:

— Estou procurando um homem.

Isso por ser defensor da honestidade, da prática das virtudes e dos bons costumes e conhecer o modo desonesto de proceder dos cidadãos gregos e seus governantes.

Após ter conquistado a Grécia, Alexandre Magno avançou pelas ruas de Atenas, sendo proclamado pelas multidões como o conquistador da cidade, e soube da existência do filósofo Diógenes, cuja vida excêntrica o intrigou. Como apreciador do conhecimento filosófico, ele não poderia permitir que um sábio vivesse de mendicância das ruas. Decidiu procurar Diógenes. Montado em um belo cavalo e acompanhado por seus generais e comandantes de guerra, Alexandre cavalgou pelas ruas de Atenas e aproximou-se de Diógenes, que dormia tranquilamente em seu barril. Ao ouvir o barulho dos pés da cavalaria real, Diógenes se levantou e esperou. Alexandre parou o belo cavalo em frente de Diógenes e, num tom arrogante, falou:

— Diógenes, eu sou Alexandre Magno, o rei de todas as terras, e tenho em meu poder todo o ouro do mundo. Todos os exércitos estão sob minhas ordens, tenho todas as joias e manjares que desejo e estou aqui para lhe oferecer uma vida digna. Venha comigo a viver no meu palácio e nada lhe faltará. Eu posso lhe dar tudo que quiser...

Diógenes balançou a cabeça em tom negativo e respondeu:

— Majestade, eu somente gostaria de receber a única coisa que, neste momento, Vossa Majestade está me tirando: a luz do sol. O vosso cavalo faz sombra sobre mim.

Mediante a resposta, Alexandre virou as rédeas de seu cavalo em retirada e olhou para o general à sua direita e disse:

— Se eu não fosse Alexandre, eu gostaria de ser Diógenes!

22. UM PETISCO ESPECIAL

Não vivi nos tempos da Carochinha. Dizem que, nesse tempo, os animais falavam. Na minha meninice, os adultos falavam como se fossem os animais. Histórias e fábulas reproduzidas com o viés dos contadores de causos preencheram a fantasia da meninada ouvinte e alguns adultos ornavam a roda de apreciadores do falatório dos adultos engenhosos que divertiam a todos.

Creio que há mais de dois séculos, no tempo em que as pessoas do povo viajavam apenas a cavalo, havia as carruagens, que eram privilégio dos ricos ou da família real. Naquela época, existiam os tropeiros empregados das fazendas, que trabalhavam conduzindo tropas de burros ou cavalos de uma região a outra, levando a carga de sacos de mantimentos dos povoados para as propriedades rurais ou fazendo o caminho inverso, saindo dos paióis ou tulhas de produtos agrícolas e levando aos povoados para serem vendidos.

Conforme o tamanho das terras, pequenos proprietários tinham somente um tropeiro para levar a cavalo ou montado no burrinho de carga, a pouca produção de grãos, a fim de vendê-la nos armazéns da vila mais próxima.

O causo que se segue resultou de uma viagem por estradas ou caminhos rústicos entre uma cidade pequena e um vilarejo de pouco mais de dez casas de pobres colonos, tendo no centro a sede de uma grande fazenda, modelo de construção realizada por escravos, elevada sobre troncos imensos de madeira, com paredes brancas e uma dezena de janelas de duas bandeiras pintadas de azul. Quem viajasse por ali avistava desde o topo da colina cortada pela estradinha, os casebres dos empregados em torno da imponente casa do senhor fazendeiro.

O transporte naquela estrada se fazia exclusivamente em cavalos arreados com belas montarias, se os viajantes fossem da família do fazendeiro, e por burrinhos de carga velhos e lerdos, se os empregados estivessem a serviço dos patrões, transportavam mercadorias indo e vindo da fazenda à cidade. A distância entre o vilarejo e a cidade tinha a duração de muitas horas, especialmente se a viagem fosse nos burros de carga. Um dia inteiro se passava andando pela estradinha com porteiras que ficavam no limite, separando uma propriedade da outra, com trancas para bois que dificultavam a passagem. Enfrentavam pedregulhos, caminhos tortuosos, arenosos ou lamacentos.

A família do fazendeiro vez ou outra recebia visitantes de localidades vizinhas. Num determinado dia, passou nessa estrada um viajante daqueles bem trajados, cavalo com rica montaria, polainas novas, portando um alforje d'água e uma marmita de comida preparada com esmero para que ele pudesse almoçar lá pelo meio-dia, o que significava estar na metade da viagem. O viajante, ao se aproximar de uma porteira, avistou uma árvore cuja copa sombreava parte da estrada. Parou seu alazão, apeou, puxou o cavalo pelas rédeas, amarrou-o na árvore, forrou o chão com o manto que cobria o assento do arreio, retirou da bolsa de viagem a marmita de comida e começou a comer com apetite. Observando o que estava degustando, viu a carne, os demais alimentos e um pedaço de angu colocado no canto da vasilha. O viajante, irritado, fincou o garfo no pedaço de angu, levantou-se e caminhou para o tronco da porteira, colocou o pedaço de angu ali e resmungou enraivecido:

— Angu não é coisa que se coma!

Terminada a refeição, lançou mão das rédeas, montou no cavalo e partiu seguindo sua longa caminhada.

Passaram-se três dias. Pela mesma estrada ia passando um empregado da fazenda, o Catutinho, que fora à cidade a fim de entregar a carga de milho no armazém do compadre do fazendeiro. Para se alimentar, a mulher preparou uns pedaços de broa e uma tora de rapadura, que ele deveria comer na viagem de dois dias: um de ida e outro de volta. Para beber água, levou uma caneca de lata e parava nos córregos na beira da estrada e matava a sede.

Chegou ao armazém, entregou a mercadoria e amarrou o burrinho no quintal. Pernoitou na varandinha de fundos do compadre e repartiu a matalotagem com outro conhecido, que ali estava no mesmo serviço. Antes da manhãzinha, ainda escuro, Catutinho levantou pouso. Montou no jumentinho e foi estrada afora, assobiando a cantiga do caipira sertanejo.

Na viagem de volta, a broa e a rapadura tinham acabado e a fome começou a roer o estômago. O pensamento não saía da canjiquinha com feijão que a patroa fazia e que matava a fome dele e da criançada. Aí, que vontade de chegar em casa! Mas ao passar pela porteira, sentiu um cheiro agradável de comida. Parou, desceu do jumentinho e pressentiu a direção do cheirinho bom. Olhou em cima do tronco da porteira e viu que havia um mofo cobrindo alguma coisa. Tirou da cintura o velho canivete, abriu, cortou e jogou fora o mofo e comeu o angu, saboreando aquele abençoado alimento. E estalando a língua no céu da boca, disse para si mesmo:

— Ah! Nunca vi trem mais bão! Brigado Deus, pruque o Sinhô matô essa fome que tava me matano.

E seguiu satisfeito e feliz de volta ao seu ranchinho de sapé.

23. A HISTÓRIA DE SOFIA

Esta é a história da Sofia, uma cadela abandonada que foi recolhida por sua protetora e que ora me foi narrada nestes termos:

— Naquele dia frio, em que a gente nem aguenta sair de casa, a Sofia estava toda peladinha, ferida, maltratada, encolhida num canto de rua, uma cena triste. Eu a recolhi e levei pro veterinário. Ele disse: 'Tem que dar esse remédio porque senão ela não vai resistir. Está muito debilitada'.

E continuou:

— Tratei com todo cuidado e a Sofia ficou boa. Aqui em casa ela está se sentindo a dona do pedaço. No ano passado, no Corpus Christi, olha como as histórias acontecem no Corpus Christi! Na véspera desse dia, ela estava doentinha, eu levava ao veterinário, levava e trazia, levava e dava remédio, e o veterinário foi enfático: 'Não tem jeito, a senhora leva e na sexta-feira traz para ela ser operada, mas ela pode morrer na cirurgia. Se não operar ela morre, e se operar ela pode morrer também'. Eu, meio desanimada, trouxe a Sofia pra casa. Deixei-a aqui e fui cortar o cabelo. No salão, a menina falou assim: 'Ah! Meu Deus, aqui na cidade é tão difícil... Chega feriado, fim de semana e você não encontra veterinário pra cuidar'. A outra falou: 'Você não encontrava, mas agora tem um casal de veterinários lá na Reta, a doutora... e o marido, eles atendem 24 horas, são ótimos'. Eu vim pra casa e comentei com meu marido: 'Sexta-feira eu não vou levar nesse veterinário que eu estou tratando. Vou levar lá'. Ele respondeu: 'Se ele atende 24 horas, você vai esperar pra quê? Leva hoje de uma vez'. Eu liguei pra lá, ele falou que naquele momento estava fazendo uma cesariana e a cadela estava muito mal e perguntou se eu poderia esperar um pouco. Ele falou: 'Traz ela aqui às 9 horas' e era à noite. Nesse horário fomos e ele ainda estava envolvido com a parturiente. Estava com um filhote na mão e a esposa com outro, tentando reanimá-los, esfregando um paninho, colocando no secador; mas não teve jeito, os dois morreram, mas salvaram os outros dois. A dona da cachorra, depois daquela luta, levou a mãe e os filhotinhos e o veterinário foi nos atender. Levou a Sofia pra dentro e depois me chamou. Quando abriu a barriga dela, viu que estava com todos os órgãos comprometidos. O útero estava arrebentado e havia espalhado infecção pelos intestinos, fígado... Estava tudo tomado. Eu perguntei: 'Vamos ter que sacrificá-la?'. Ele disse: 'Vamos ter que eutanasiá-la!'

Fui muito triste pra sala de espera e chorei. Meu marido ficou dentro do carro porque fazia muito frio. Quando ele veio me perguntar, eu falei: 'Ah! Não tem jeito, ele vai sacrificar!'. Ele me consolou, falando que fizemos todo o possível. Daí a pouco veio a veterinária e falou: 'A cirurgia terminou, ela está bem. E nós resolvemos dar mais uma chance a ela'. Nós entramos pra ver e tinham tirado um balde de líquido fétido, e era infecção pura. Todos os órgãos foram lavados e eu pedi pra que Sofia ficasse lá. A cirurgia foi na quarta-feira à noite. Passou o dia de Corpus Christi e na sexta-feira, eu cheguei e a cadela estava em pé, na gaiola, mas muito fraquinha, não queria comer.

Eu a trouxe pra casa. Foi uma batalha de recuperação em favor da vida. Tudo que ela comia, vomitava. Dava antibiótico, nada resolvia. Outra veterinária daqui de perto vinha dar assistência e toda manhã colocava a Sofia no soro, e eu ficava segurando até o meio-dia; e o marido pegava pra eu descansar até à tarde. Sofia tinha parado de evacuar também. Obstrução intestinal. A veterinária chamou uma médica, que eu não me lembro o nome, pra fazer uma ultrassonografia pra ver onde era a obstrução e saber o que podia fazer. Levamos pro exame e seis médicos em volta dela. Rss... Constataram o problema e combinaram de colocar uma sonda, levando o alimento até o intestino, porque ela podia morrer de desnutrição. Marcaram para o outro dia, às 10 horas da manhã.

Nisso, passou a noite e meu marido viu que ela não tinha vomitado. Ele pediu à veterinária para esperar um pouco mais. Demos o óleo Nujol pra ver se o intestino descolava. Aí a veterinária ia viajar e a equipe também, e se a sonda não fosse colocada naquele dia, teria que marcar outra data. Outra veterinária ficou na cidade para cuidar de Sofia, que começou novamente a vomitar. E eu rezando, pedindo a São Francisco que, se ela tivesse que morrer, que fosse logo. Liguei para um médico conhecido, que havia dado um medicamento ao filho que havia tido o mesmo problema, e que tinha tido bom resultado. Compramos o remédio pra Sofia e demos. Ela parou de comer. Eu rezava e toda manhã eu levantava e pensava que ia encontrá-la morta. Chegava ao canil e ela acordada, fraquinha, e eu continuava, dava uma coisa e outra. Eu sei é que a Sofia conseguiu sair daquele sofrimento sem cirurgia. De repente, ela começou a evacuar, e eu dando sopinha na mamadeira. Eu coava a sopa batida, dava e ela vomitava. No dia que ela fez uma bolinha de cocô foi uma vitória! Rss... Eu quase saí soltando foguete! Rss... Ela foi se recuperando e sarou completamente.

A Sofia é uma vitoriosa. Eu tenho muitas fotos dela. Ela fica no cercado, junto com as outras. Tem a Juju, menorzinha, que um dia ela pegou pra matar. Eu fui separar: a Juju, coitadinha, deitada no chão, e a Sofia por cima. A Juju, em vez de bocar na Sofia, bocou no meu braço. Aqui está a cicatriz. Eu não senti. Vi aquele sangue no chão e achei que era do pescoço da Juju. Eu a joguei por cima do portão, olhei pra minha mão sangrando, mas consegui separar as duas. Vim pra dentro de casa e minha mãe e irmã, que estavam aqui, ficaram apavoradas e disseram pra minha filha: 'Tem que levar sua mãe pro hospital pra dar ponto nesse corte!'. Minha filha respondeu: 'Tia, em ferida de cachorro não se dá ponto'. Fiquei no hospital, recebi vacina antitetânica, mas os meus cães são todos vacinados.

Eu perguntei:

— E a Juju? Continua separada das outras?

— Não, todas continuam juntas, mas ela morre de medo das outras, da Sofia e de outra, que eu peguei na rua também. Eu vigio muito, e socorro sempre que elas ficam irritadas com a Juju.

crônicas

1. o mascate

Faz algumas décadas que a vida na roça tinha costumes quiçá diferentes dos que atualmente moram no campo. Na realidade, hoje esses moradores estão escassos. Com a saída das famílias dos sítios, chácaras e fazendas, perderam-se os empregados, que migraram para as vilas ou cidades mais próximas. Aconteceu o êxodo rural. A condição do trabalhador rural hoje é diferente, eles moram nas cidades ou vilas próximas e vão diariamente trabalhar no campo, transportados em caminhões, carros, motos ou bicicletas. São os boias-frias.

Contavam meus avós que os sitiantes e fazendeiros recebiam visitas frequentes dos vendedores ambulantes, na época chamados mascates. Havia vendedores de todas as procedências. Estrangeiros de várias nacionalidades, que vinham para o Brasil com suas famílias, e longe de se fixarem num trabalho regular, dedicavam-se a esse ofício.

Embora o Brasil tenha sido colonizado por portugueses (sendo os legítimos brasileiros uma mescla de três raças, formada por índios, negros africanos), outros imigrantes de nacionalidades diversas da Europa, como italianos, alemães, espanhóis, franceses e outros da Ásia – vindos do Japão e da China –, espalharam-se pelo Brasil, principalmente na região Sudeste e Sul, em cidades de clima mais ameno, e formaram verdadeiras comunidades. Alguns procurando trabalho no campo, em fazendas como colonos, e outros se estabelecendo nas cidades em diversas profissões, especialmente no comércio. E um bom número passou a ser de vendedores ambulantes, viajando no comércio de mascates.

Pela alma jocosa com que nasceram os brasileiros, os estrangeiros que para aqui vieram levam alguns apelidos e, na maior parte das vezes, alcunhas pejorativas. Os mascates mais comuns eram os descendentes de judeus. Sempre corria onda de que os judeus são econômicos em excesso. Todos os homens que eram seguros, aqueles gananciosos por guardar dinheiro demais e não abrirem mão, eram conhecidos como mão de vaca, sovina e pão duro, mas também chamavam de judeu.

Os portugueses são alvo de grande anedotário que compõe o repertório dos que querem gracejar com os patrícios. São piadas com a intenção de fazer rir os ouvintes, mas que querem denegrir a imagem dos aventureiros imigrantes que vieram para o Brasil e que, em verdade, merecem nossa admiração pela coragem e desprendimento que tiveram ao deixar sua pátria e vir para um país desconhecido, de costumes diferentes, talvez primitivos. E aqui chegaram com vontade de trabalhar e dar melhores condições de vida às suas famílias. Para que essas levas de imigrantes se estabelecessem definitivamente e melhorassem seus status diante da sociedade brasileira, foi preciso passar muita água debaixo da ponte e correr muito suor das frontes desses aventureiros que vieram tentar a vida em terras americanas. Esses estrangeiros injustiçados por contadores de piadas merecem é o nosso respeito.

E como a zona rural, até meados do século passado, era muito povoada, os mascates se dispunham a montar em seus cavalos ou burros, carregando sacos de mercadorias para vender aos moradores dos sítios e fazendas. Esse tipo de comércio foi rendoso, pois os mascates geralmente não arcavam com despesas de viagens, visto que, naquele tempo, todos os viajantes que passavam pelas casas de residentes no campo eram bem recebidos e ali faziam pousada por uma ou mais noites, recebiam as refeições, cuidavam da higiene pessoal e tinham todos os privilégios de um bom convidado. O animal em que viajavam era tratado como um hóspede bem-vindo. Os empregados os levavam à melhor pastagem e poucos dias depois estavam alimentados, de pança cheia, para darem continuidade a outra caminhada, até a próxima parada. Nenhum chefe de família se negava a recebê-los solidariamente.

Os mascates tinham especialidades em suas mercadorias transportadas no lombo dos burros. Esses animais levavam o nome de burro de carga, expressão pejorativa que existe até nossos dias para designar alguém que carrega muito peso ou quem trabalha demais. Uns vendedores ambulantes levavam peças de tecido estampado de algodão para o agrado das senhoras e jovens filhas dos fazendeiros, percal de boa qualidade para a dona da casa fazer roupas de cama, que ficavam um luxo pela qualidade do tecido; casimira para as calças e ternos masculinos; lindas sedas persas para os vestidos de festas. Outros vendiam apenas roupas de cama, muitos lençóis, colchas e toalhas de mesa, belíssimos bordados vindos das bordadeiras da Ilha da Madeira próxima a Portugal; toalhas rendadas das rendeiras do Nordeste brasileiro; havia também os vendedores de perfume, gravatas e muito poucos de joias. Quando os mascates chegavam, os esposos e as moças de família se reuniam na sala para a exposição das mercadorias que ficavam espalhadas pelas mesas, sofás e cadeiras. Um momento de deleite para as moças noivas, que precisavam comprar os enxovais de casamento.

O caso a que vou me referir é de um jovem espanhol, recém-chegado ao Brasil, e que, tendo se ajeitado com um tio que era dono de uma loja de tecidos em uma vila do interior das Minas Gerais, aventurou-se ao ofício de mascate. O tio preparou para ele um bom burro, que suportava grande peso, e entregou-lhe as mercadorias, que eram cortes de tecido, para que percorresse todas as fazendas da região, vendendo enquanto houvesse compradores, e lhe disse que só voltasse quando os sacos fossem esvaziados e a bolsa estivesse cheia de dinheiro apurado nas vendas.

O espanhol mascate partiu para sua negociação, visitando todas as casas de fazendeiros que encontrava pela estrada. Em algumas famílias, conseguia vender o bastante para justificar sua demora e, noutras, os negócios não rendiam como ele esperava. Experimentou de tudo, sol abrasador, vento uivante, às vezes pancadas de chuva o surpreendiam durante a viagem. Lugares mais populosos, outros ermos. Costumava viajar por horas sem ver uma viva alma pelas estradas. Andou de casa em casa e, numa bela tarde de primavera, eis que lhe desponta, num altinho de uma colina, uma casa de fazendola bem cuidada, com grande movimento de animais no curral e boa pastagem para o gado. Viu porcos bem gordos na ceva que ficava perto de uma lagoa à margem da estradinha de terra. Empregados tocando os bezerros para o curral e vacas gordas mais adiante. O espanhol aproximou-se e bem perto do alpendre da casa, ainda de cima do seu burrinho, gritou bem alto:

— Ô de casa! Ô de casa!

O barulho dos patos grasnando no terreiro, um radinho de pilha ligado na maior altura na sala, não deixavam que seus gritos fossem ouvidos. Ele continuou a chamar:

— Ô de casa! Ô de casa! Tem gente aí, seu moço?

Finalmente, a dona da casa apareceu no alpendre e, atrás dela, o marido, um típico caipira. Debaixo do grande chapéu de palha que cobria a cabeça e a testa, olhou desconfiado para o desconhecido que chamava com aquele sotaque estranho. Naquela altura, a mulher nada disse... O mascate tirou o chapéu marrom, segurou-o na mão direita e falou alto para a mulher, com sotaque de estrangeiro:

— Amiga mía, amiga mía...

O fazendeiro empalideceu e, com voz rouca de raiva, empurrou a esposa para trás da porta e não ouviu mais nada. Virou as costas para o mascate, correu para dentro de casa, pegou a espingarda que estava guardada no canto do quarto e saiu na varanda de espingarda em riste, ameaçando o vendedor com a arma. As mulheres da casa, ouvindo aquele estardalhaço, esconderam-se na cozinha. O fazendeiro gritava furioso:

— Já vô, sô disgraçado ladrão de minhas vaca! Eu ti mato! Num fala mais nada i corri, sinão eu ti acertu nu bico da minha Lordinha!

Lordinha era o apelido da espingarda velha do fazendeiro, com a qual ele contava mil valentias para quem quer que ousasse desafiá-lo.

O mascate, aterrorizado com tamanho disparate e morto de medo, virou as rédeas do burrinho para a estrada e saiu a toda pressa, esporando o animal para que galopasse mais rápido.

Depois que o vendedor sumiu na curva da estrada, as mulheres vieram para saber o que tinha acontecido, porque ninguém havia entendido a fúria do fazendeiro. Com o canto da boca espumando, tomado de uma raiva jamais vista, o caipirão fazendeiro explicou o que aconteceu:

— Aquei ladrão di vaca disavergonhadu, cachorru! Vocês vê si eu num sei das coisa! Ele falô mía.. Ora pois... Quem mia é gato... Gato comi rato... Rato comi quejo... O quejo é feitu de leiti... O leiti é tiradu das minha vaca... Ele tá é querenu robá minhas vaca! Aqui tem homi machu i eu num dexu, ô xente!

2. o mundo de lata

O caso que cito a seguir se passou no interior do Mato Grosso do Sul. Estive passeando pela cidade de Bonito – considerada a capital brasileira do ecoturismo –, cujo nome condiz com a localidade. É bonita mesmo, principalmente pelos passeios de turismo rural.

Naquele tempo, era uma cidade em formação, de atividades turísticas bem menor do que a atual, que conta com dezenas de atrações e passeios que facilitam a estada dos turistas em ótimos hotéis, pousadas e resortes para todos os gostos. Um autêntico paraíso ecológico, que encontramos no interior do Brasil, com rios pequenos e lagoas de água cristalina ideais para mergulho, em que se pode ver e nadar ao lado de espécies de peixes. Os passeios são programados pelas agências de turismo, com guias especializados e que falam outros idiomas, facilitando o turismo aos estrangeiros, que são frequentes na cidade.

Bonito está localizada em um vale próximo a Serra da Bodoquena, entre planaltos com rochas, onde se encontram em abundância o calcário e diversos minerais que concorrem para a formação de grutas e cavernas. Algumas cavernas, com lagos por dentro, são escuras e úmidas, favorecendo a hospedagem e a reprodução de morcegos e, às vezes, de difícil acesso, desaconselhadas para turistas desacompanhados de guias. O acúmulo da água da chuva em vasto lençol freático, que corre entre as rochas, forma pequenas cachoeiras nos rios, preferidas pelos turistas para esportes como o rafting, a flutuação e a canoagem. Um fenômeno curioso nas corredeiras e quedas d'água é que quando chove na cabeceira dos rios, elas se enchem inesperadamente, assustando os turistas desprevenidos que estão praticando os esportes da canoagem. Há trilhas ecológicas, com pequenas pontes para os que preferem fazer caminhadas.

A cidade possui um grupo de órgãos, ONGs e empresas especializadas particulares espalhadas pelas ruas, hotéis e resorts, para promoverem o ecoturismo em dezenas de opções de passeios. Todos preparados para promover a conscientização do meio ambiente.

Para os turistas festeiros, a cidade tem comemorações que se estendem ao longo do ano. Em janeiro, a Festa dos Santos Reis, que vem de gerações passadas, tem início no dia de Natal. Consta de uma pequena romaria, saindo de um pesqueiro e percorrendo outros, cantando, recolhendo prendas e rezando o terço, até o dia 6 de janeiro, quando fazem a festa de Reis. A festa do Peão de Boiadeiro de Bonito acontece no final de abril e termina no princípio de maio, com representação dos peões das fazendas da região e vários prêmios aos campeões. Um Festival de Inverno com duração de dez dias é realizado um julho. Reúne diversas exposições de músicos, pintores, fotógrafos, teatro, vídeos, filmes e palestras, uma apresentação cultural e de folclore regional destinada a angariar fundos e cativar turistas para a cidade. No estado, existem Clubes de Laço, típicos de boiadeiros e peões e, no final de agosto, ocorre o Encontro Estadual de Clubes de Laço, festa animada ao som de música sertaneja e baile para alegrar os participantes de outras regiões do interior.

Além da história da fundação do município e o crescimento populacional e expansão turística de Bonito, a cidade não é diferente das demais cidades pequenas do interior do país e tem um currículo carregado de causos e lendas que povoam a memória popular dos cidadãos que vivem ali, principalmente dos que são bonitenses de nascimento e tiveram pais e avós também da mesma região. Os mais antigos, então, regalam-se de contar as proezas das figuras lendárias que conheceram ou ouviram contar e se prostram nos bares e varandas das casas, repetindo sempre as mesmas histórias.

Uma das mais curiosas histórias surgiram por ocasião da Guerra do Paraguai. É o caso do Enterro. Contam que os soldados paraguaios, quando entraram em terras brasileiras, lutaram em muitas batalhas no estado do Mato Grosso. Estabeleceram seus pontos de base no local da atual cidade e traziam ouro e pertences feitos de ouro, que vendiam para conseguir alimentos ou trocar em mercadorias de que precisassem para se manter. Enquanto combatiam, enterravam seus metais embaixo da sombra de uma figueira características da região, para que não fossem roubados ou reco-lhidos como despojo de guerra pelos brasileiros, caso viessem a morrer em combate. A guerra durou dezesseis anos e terminou em 1870, e alguns que sobreviveram foram ao local para resgatar seus ouros, porém muitos deles perderam a vida em combate e seus preciosos tesouros ficaram perdidos embaixo das figueiras. Dessa história vieram outras lendas. Uns dizem que pessoas bondosas são conduzidas, em sonho, pelo espírito dos mortos da guerra até o local dos seus tesouros para desenterrá-los. Outros, deitaram durante a noite em seu quarto e acordaram ao lado da figueira, tendo a bolsa de ouro debaixo dos pés. Assim, muitos pobres, bons de coração, enriquece-ram, e os maus perderam seu tempo com a busca dos tesouros enterrados.

Associo essa lenda ao que conheci no país vizinho, o Paraguai, quando, estando em Assunção, fui em excursão ao lago de Ypacarai, e o ônibus fez umas paradas. Numa delas, visitamos o Museu da Guerra. Nós, os turistas, ouvimos o guia paraguaio contar a versão da guerra que eles sabem e as atrocidades que sofreram. As famílias tiveram que mandar para os campos de batalha todos os homens desde a idade de 10 anos. Todos morreram e os lares ficaram acéfalos, apenas com as mulheres e meninos menores. Os saques às residências aconteciam de todas as formas, principalmente roubando os tesouros e pertences de valor e, para assegurar o ouro e joias que guardavam em casa, as famílias os enterravam no quintal. Esse foi um costume preservado durante a guerra, inclusive nos combates em terras dos inimigos, como foi o ocorrido na região onde hoje está edificada a cidade de Bonito. Logo, a lenda, verdadeira ou não, procede dos costumes paraguaios.

Estando em Bonito, eu tive contato com diversos moradores locais que, em sua maioria, procedem de outras regiões do Brasil, sendo grande parte do sul: gaúchos, catarinenses e paranaenses de sotaque regional, bebedores de tererê durante todo o dia. Histórias de vida as mais diversas e os peões que tomam conta do gado das grandes fazendas são encontrados em toda parte, com chapéus de boiadeiro, botas de cano longo e esporas nos calcanhares. Nos bares e residências só se ouve música sertaneja. Os forrós são quase diários.

Conheci um peão bonitense, de nome Gaúcho, que usava um linguajar tão típico da região que devíamos ter gravado as expressões totalmente estranhas aos nascidos no sudeste brasileiro. Coisa das mais impressionantes, o caso da cobra sucuri ou anaconda, que engole um bezerro inteiro. A serpente fica espreitando a presa, que pode ser também veado ou outro animal do mesmo porte, na beira dos riachos ou córregos, e os ataca quando eles chegam para beber água. Ela dá o bote nas costas do animal e se enrola nele até sufocá-lo. Após ingeri-lo – a digestão leva semanas –, ela permanece em repouso no mesmo lugar, até que o trabalho digestivo termine. O contador de histórias nos mostrou uma foto da serpente deitada numa relva com a barriga cheia da presa.

Gaúcho era casado com uma índia gorducha e tinha dois bacuris – assim ele chamava os filhos. A esposa, sempre ao lado do fogão, fritando torresmo ou fazendo um café em coador de pano, ele chamava de Pançuda. Na hora em que estávamos assentados na beira do terreiro, provando o tererê do estado do Mato Grosso, ouvimos o barulho de um avião voando meio baixo. Ele se levantou, tirou o chapéu de boiadeiro, benzeu-se e gritou, olhando para o avião no céu:

— Meu Jesuis Cristim, nóis tamo no fim do mundo mermo! Como é que podi uma coisa dessa! Esse mundo de lata levantano vôo e carregano gente! Misericórdia! Isso é mais pirigoso qui nem guerra. Se cair num sobra nem espírito! Vai é tudo pros quinto dos inferno, ô xente!

3. os roncadores

As pessoas que carregam o estigma de serem roncadoras não são bem-vindas para dormir em companhia de ninguém. Triste sina dos roncadores! São criticados pelos companheiros de vida conjugal, pelas crianças e jovens, e ninguém tem paciência com eles. E quando é um casal e ambos roncam, são queixas mútuas e desesperadoras pelo que tem sono mais leve. Os roncadores são motivo de piadas e imitações, críticas, e lhes sobram cotoveladas durante a noite, ocasionando problemas sérios de relacionamento. Enfim, não conseguem a santa paz de um sono tranquilo. Apenas uma pessoa tem complacência com os roncadores: eles próprios. Sim, porque o roncador não costuma perceber que ronca e poucas vezes ele se acorda com o susto que leva quando ronca. Mas não dá o braço a torcer, nunca admite que ronca. Ele pode desconfiar que ronca se acorda com a boca seca porque estava dormindo com a boca aberta.

O ronco geralmente é sintoma de obstrução nasal, apneia do sono, com um diagnóstico para cada caso. Quando alguém entra na fase do sono profundo, deitada em decúbito dorsal, ou seja, de barriga para cima, a língua cai e fecha a passagem das vias respiratórias, que diminuem e causam vibração na garganta ou o ronco. Uma boa parte da população mundial sofre com o problema do ronco. Alguns por uma determinada época da vida e outros, ainda bebês, começam a roncar e passam a vida toda roncando. As consequências de roncar afetam o humor da pessoa, que não descansa o suficiente durante a noite e pode amanhecer com dor de cabeça, mal-estar, ter sonolência durante o dia, falta de concentração e outros sintomas que podem ser tratados. O roncador necessita de uma avaliação médica porque o ronco pode ser sinal de outras patologias. Existem aparelhos que controlam o ronco e são indicados por especialistas do assunto.

Existem ruídos de roncos de todos os tipos: divertidos e assustadores, curiosos e hilários. Não sei se conseguirei explicar os mais conhecidos. Há um ronco grosso, tão alto, que mais parece o de um suíno bem grande e gordo – para não dizer de porco. Esse roncador geralmente é gordo e não consegue emagrecer, sofre com a gordura e o próprio ronco perturbador dos outros e, às vezes, dele mesmo. Tipo de ronco muito engraçado é aquele que assobia fininho. Parece que está chamando alguém a distância. Mas tem o assobio mais rouco, que é mais sério, e o dono não admite gracejo depois que acorda. Interessante é um ronco que parece um gemido de dor, que é interrompido e logo o roncador volta a gemer. Esse tipo com gemido manifesta que a pessoa que dorme está com pesadelo. Quem está ao lado pode acordar o roncador, que fica aliviado ao ser despertado. Existe o roncador mix, que mistura os tipos de ronco, ora assobia, ora faz barulho alto na garganta, faz um revezamento e costuma ser meio amedrontador. Um dos mais comuns é o que abre a boca e sopra, parecendo apagar uma vela. Algumas pessoas ressonam, produzindo ruído baixo, que quase não incomodam os companheiros de quarto.

Falar em roncadores não é assunto muito agradável para os afetados pelo terrível barulho do ronco. Aqui vou lembrar de alguns, lógico que sem citar os respectivos autores. Quanto aos familiares, impossível não revelar as identidades. Ao relatar os casos dos roncadores que conheci, o primeiro de que me recordo era em casa, o ronco de minha mãe. Ela era de estatura alta e forte; o estrondo do seu ronco não começava cedo, era apenas de madrugada, e acordava toda a família. Ela entrava a soprar como um fole e o mais prejudicado era o papai, que dormia intranquilo ao lado dela. O sono dele era totalmente silencioso, compensado pelo dela, que roncava por ele e a filharada, incluindo as avós e visitantes. Muitas vezes ouvíamos nosso pai acordando-a para que nós pudéssemos dormir. Depois de bem idosos e morando na cidade, a casa de cômodos bem fechados e com cobertura de laje e telhado não permitia a penetração de muito ruído, mas ela ainda nos assustava à noite. Recordo-me de que, certa vez, ela começou a roncar e todos acordamos quietinhos, só ouvindo. De repente, papai, naturalmente cansado de esperar que o ronco terminasse, falou enfático, para que todos da casa ouvissem:

— Mulher, nós queremos dormir!

Ela acordou e respondeu também convicta:

— Pois podem dormir, uai!

— Se você não deixa, como é que podemos dormir?

No outro dia, o assunto prolongava durante o café da manhã e risos e galhofas divertiam a todos. Aquela noite ficou nas recordações familiares.

Todos estávamos na praia, na casa do cunhado, casa que tinha como cobertura somente o telhado alto, então se podia ouvir qualquer barulho, por mais baixo que fosse. Nossa mãe estava enferma e nós a levamos para passar uns dias conosco. Ela ficava quase o dia todo recostada numa cadeira de balanço na varanda e sempre acordávamos com os roncos de alguém em um dos quartos. Todos sabiam que era minha mãe, mas ninguém falava nada. Chegaram a casa dois sobrinhos, na idade de oito a dez anos, e, certa noite, pela madrugada, ela novamente despertou todos com o ronco. Um dos meninos se mostrou indignado e gritou do quarto dele:

— Quer fazer o favor de parar de roncar! Para ou eu vou aí!

Mais tarde, para fazer jus à herança dos roncadores, uma das irmãs também disparou a roncar excessivamente alto, e os sobrinhos procuravam um quarto para dormir bem longe do dela. O desassossego que a irmã trouxe aos pequenos incluiu-a no rol dos famosos roncadores da família.

Uma esposa chegou ao extremo, tamanha foi a indignação pelo ronco do marido, que não a deixava dormir, tampouco ele procurava um especialista para tratar do problema. Ela acordava ao primeiro ronco, saía do quarto frequentemente e avisou várias vezes, mas ele não tomava o cuidado de se tratar. As brigas entre o casal começavam durante a noite e se prolongavam durante o dia. Motivo: o ronco do marido. Então ela, cansada, partiu para a separação. Convocados para a audiência costumeira, diante do juiz, a mulher fez uma justificativa oral da iniciativa que seria sem volta: colocou sobre a mesa do meritíssimo um gravador e ligou na maior altura, e perguntou:

— Com todo respeito, meritíssimo juiz, é possível alguém ser feliz dormindo ao lado de um ronco desses?

Nem o juiz resistiu a um riso disfarçado, balançou a cabeça em tom de gracejo, e a separação aconteceu...

Tenho uma família de amigos em que todos os membros roncam e são incomparáveis quanto à altura e o estilo. O ronco da dona da casa é o pior e tira a tranquilidade dos que repousam nos braços de Hipnos, o deus do sono, inclusive dos vizinhos, que apelidaram os moradores da casa de trovões noturnos.

Eu viajava para outra cidade maior a fim de cuidar de alguns assuntos de magistério e me hospedava num apartamento de uma prima, que vivia em um grande edifício. Acordei durante a noite com a prima batendo fortemente na parede lateral do seu quarto, que era a parede do apartamento vizinho. O ronco do vizinho era tão avassalador que ela acordava e não mais conseguia conciliar o sono. Do outro lado da parede, ele respondia, espancando do mesmo jeito a surda parede do quarto dela. Uma cena grotesca e hilária!

Enfim, vou encerrar esse assunto por aqui, porque não devo expor minha pessoa como alguém que ronca, sujeita a sempre dormir solitária no quarto. Como eu nunca ouvi meu próprio ronco, atrevo-me a afirmar que não sou partidária desse inconveniente ruído noturno. Só me dou o direito de roncar sozinha, se o faço...

4. queda de avião

O imaginário do ser humano é imensurável. O das crianças se difere do mundo mais real dos adultos, embora algumas pessoas ainda tenham imaginação infantil, muitas vezes fantasmagórica. Estudiosos da área tentam conhecer e explicar com mais profundidade o que se passa na mente humana e, dentre uma infinidade de comportamentos diferentes, advindos de pessoas em todas as idades, muitos casos excêntricos aparecem a cada época, surpreendendo sempre os estudiosos da mente humana.

A imaginação humana exerce um poder imenso sobre nós, até nos fazer sentir repulsa quando conhecemos costumes e algumas comidas de países que, para nós do Ocidente, são aberrações alimentares, causando-nos alterações no estômago. Se falamos sobre esses menus com outras pessoas que nunca estiveram pessoalmente nesses lugares, o assunto atua fortemente na imaginação das pessoas que, se estiverem fazendo uma refeição, sentem repugnância pelo alimento que estão ingerindo. Se não vimos, tampouco degustamos tais comidas, por que sentimos tanta aversão? Justamente porque o assunto mexeu com nossa imaginação a ponto de influenciar a inapetência e causar o nojo. A imaginação reflete a evolução dos tempos, hábitos e costumes de cada cultura. Por força da imaginação, da curiosidade e da inteligência, o homem parte para novas descobertas, sempre suplantando os avanços conquistados por sua geração e contribuindo para o progresso científico, social e humano, ajudando a permanente evolução da história da humanidade.

Retornemos o pensamento à era mais primitiva da existência do homem sobre o globo terrestre. Esqueçamos os adultos daquela época e nos voltemos para as crianças. Desde que a criança nasce, ela tem um mundo infantil à parte e completamente diferente do mundo adulto. A imaginação infantil circula em torno do que ela vê ao seu redor, do quarto, dos brinquedos, da família e de tudo que a rodeia. Mesmo antes do aprendizado da língua, ela já elabora pela mente e imaginação as primeiras formas de brincar, que é a atividade central da criança. À medida que ela cresce, vai conhecendo outros espaços, saindo do círculo familiar para a escola, ampliando a compreensão da realidade do lar e depois do mundo; consequentemente, a imaginação dela vai se ampliando também.

Os bebês de hoje nascem tendo um ambiente completamente oposto ao dos séculos passados. Nessa era contemporânea, o universo infantil está envolto na informática, no contexto de mídia. A criança nasce encontrando todos os recursos da tecnologia que permitem a comunicação a qualquer distância num simples clique. Embora a criança seja criança em qualquer época, hoje ela trabalha a imaginação de forma totalmente adaptada aos tempos modernos.

O universo em que vivi, na zona rural, em meados do século XX, permitia-nos imaginar situações vividas e não vividas, desde que conversada pelos adultos e escutadas atentamente pelas crianças. Minha mente cogitava uma infinidade de situações que eu queria viver se fosse possível. Nos primeiros anos da infância, ouvindo histórias contadas pelos adultos, eu me imaginava dentro dos castelos das princesas, colocava-me vestida de longo traje de baile, com uma coroa na cabeça e bailando com um príncipe num imenso salão real. Ah! Que felicidade! A vida seria maravilhosa e nada perturbaria a minha tranquilidade! Como princesa eu não ia lavar a louça da cozinha, nem varrer a casa, que era grande demais, e não precisaria ir para os matos com a faca da cozinha na mão para cortar a vassourinha, depois amarrar no cabo e varrer o terreiro da casa na roça.

Além de ouvir histórias, meu maior prazer era ler os livros de outras histórias que a pequena biblioteca da escolinha da roça tinha e emprestava aos alunos. Eu passava os sábados e domingos fazendo os serviços que me mandavam e, terminada a tarefa, corria para as leituras, que tanto trabalhavam minha imaginação, e voava ao país das maravilhas dos contos de fadas. Eram dois mundos: o real e o imaginário...

Eu era uma caipirinha autêntica, pois somente na pré-adolescência, logo após os dez anos de idade, é que fui à cidade pela primeira vez. Muitas surpresas me aguardavam: as ruas eram calçadas de pedras cortadas em forma de retângulo – paralelepípedos –, que não deixavam formar lama por onde se passava. Um movimento grande de pessoas andando pra lá e pra cá, que nem se olhavam, não davam um bom-dia a quem passasse ao lado. Quantos carros de modelos diferentes! Vi cavalgando pelas ruas alguns cavaleiros, cuja passagem fazia um ruído alto pelo toque das ferraduras dos cavalos nas pedras das ruas calçadas. Havia até charretes rodando pelas ruas. E o que mais gostei foi de chupar o primeiro picolé, de cujo gosto eu me recordo perfeitamente, de coco. O formato era redondo e comprido. Que gostosura! Eu quase não suportava colocá-lo na boca! Gelado demais! Voltei para minha casa na roça com a imaginação repleta de sonhos. A minha mente nunca registrou tantas aventuras, todas vividas de verdade. Tudo que conheci tornou o meu imaginário mais fértil do que antes. Eu me imaginava morando na cidade, vivendo com as coisas lindas que vi, podendo, todos os dias, comprar um picolé de coco. Ah! Seria plena a minha felicidade!

E os dias na roça se passaram, quando começaram a aparecer no céu aviões muito altos, que mais pareciam um brinquedinho de lata a brilhar sob a luz do sol. Faziam algum barulho, mas não de incomodar nossos ouvidos, e quando um passava, todos da minha casa vinham para o terreiro e olhavam para o céu, acompanhando o voo, até que aquela pequena máquina voadora desaparecesse no horizonte. Não tardaram muitos anos e na cidade mais próxima foi colocada uma linha aérea. Um dia, pelas 4 horas da tarde, ouvimos um ruído altíssimo, que parecia estrondar nossos ouvidos e tremer até as plantas. Passou num voo baixinho um avião que parecia um gigante sobre a serra que ficava detrás da minha casa. É que a aeronave tinha decolado quase naquele momento, pois a cidade do aeroporto ficava próxima e o avião ainda não tinha tomado altura suficiente para voar ao Rio de Janeiro. Que medo todos nós tivemos, mas a salvação é que a passagem do avião havia sido rápida.

E o mesmo voo acontecia duas vezes por semana. Daquela data em diante, eu punha minha imaginação em elucubrações desafiadoras. Eu me deitava e imaginava aquele avião dando defeito e precisando aterrissar na várzea defronte da nossa casa; os passageiros descendo e nossa família indo socorrê-los, e eles entrando em nossa casa. E quem seriam essas pessoas? Enquanto aquela linha aérea existiu, eu imaginei o pouso forçado perto da nossa casa. Nunca imaginei o avião caindo, destroçado e pessoas mortas, somente um pouso que me trouxesse a alegria de conhecer um avião de perto e ver gente nova que morava na cidade grande. Ah! Que doce lembrança da imaginação infantil que passou quando a meninice e adolescência se foram e a vida se tornou mais real, com sonhos possíveis de serem realizados!

5. propinas

Se alguém não sabe o que é propina, deve ser do outro mundo e não uma alma vivente brasileira. Porque nessa Terra de Vera Cruz, desde que Brasil era Ilha de Santa Cruz, existe a abençoada propina. Originariamente, a palavra propina significa gratificação ou gorjeta, mas com a passagem do tempo e o uso desonesto de abonar as pessoas por um serviço prestado de forma ilegal, o termo adquiriu significado pejorativo, sendo hoje aliciamento, suborno, corrupção, roubo etc. Os países que têm a Língua Portuguesa como oficial seguem o Acordo Ortográfico da Língua Portuguesa de 1990, que respeita as expressões e usos coloquiais da língua. São eles: Portugal, Brasil, Moçambique, São Tomé e Príncipe, Angola, Timor Leste, Guiné-Bissau e Cabo Verde, que adotaram a ortografia única. Para alguns desses países, o verbete propina tem a mesma conotação: dinheiro extra por qualquer serviço prestado e não declarado aos cofres públicos, ou seja, pagamento escuso.

O uso popular do verbete em Portugal refere-se à taxa, mensalidade ou anuidade paga à instituição de ensino pelo aluno para se matricular e frequentar regularmente as aulas. Nos mais de vinte países que têm o Espanhol como língua oficial, existem diversos significados para o termo propina, variando de acordo com as regiões e uso popular. O vocabulário da Língua Espanhola é rico em verbetes empregados em cada comunidade a fim de facilitar o entendimento popular. Os mais conhecidos significados para propina em espanhol são: sobresueldo, asignación, galardón, viático, gajes, dietas, plus, beca, gratificación, aguinaldo, enfim, termos os mais diversos e alguns mais pejorativos que outros. Na Língua Inglesa, nos restaurantes e hotéis e para os carregadores de bagagens, o nome de gorjeta é tip, perfeitamente lícito. A propina propriamente dita leva outros nomes, como bribes, crickbacks, rake-off, fix, subborn são verbetes populares usados para gratificar alguém por um serviço desonesto e não declarado.

A história econômica da humanidade relata a existência da propina em diversas épocas. Elas existem em transações comerciais em países americanos, europeus, asiáticos e africanos com a maior naturalidade e, em alguns, está completamente arraigada e difícil de combater. Ouvi uma entrevista de um empresário que comercializava com países asiáticos, na qual ele declarou que, após o encerramento de um grande negócio, viu um funcionário entregando uma maleta ao agente principal da negociação. Ele perguntou o que havia na maleta e lhe foi esclarecido que era a propina. Em alguns países nem chega a ser considerada ilícita. Dependendo do grau de corrupção e da localidade, os doadores de propinas, quando descobertos, recebem altas punições, como prisão, devolução do dinheiro extraviado, desapropriação de bens, destituição de cargos. Essas notícias, vindo a público por meio da imprensa, tornam-se casos de escândalo nacional e internacional. Se as propinas são pequenas, na maior parte das vezes passam despercebidas e não recebem punição. O papel da imprensa surte efeito como o principal órgão de capital importância na divulgação do delito no noticiário popular.

No Brasil, a história das propinas vem de longa data. Enquanto Colônia, as Capitanias destinavam uma quantia x para o pagamento de propinas na compra de armamentos dos soldados. Muitas histórias de propinas são encontradas em obras que relatam a vinda da Coroa Portuguesa para o Brasil, no início dos 1800, perpassando pelo Segundo Império, nas transações dos embaixadores brasileiros que recorriam aos empréstimos bancários da Inglaterra e recebiam altas somas de propinas. No Brasil republicano, ficaram famosas as vastas algibeiras na compra de alfafas para a cavalaria dos militares. No movimento denominado Tenentismo, o propósito era derrubar os corruptos, a quem chamaram de carcomidas. O movimento fez ressoar um noticiário moralista e bastou o poder mudar de mãos e as propinas continuaram e se espalharam mais intensamente pelos estados brasileiros. A partir de 1946, a corrupção tomou conta das importações.

A construção da nova capital do Brasil foi regada por propinas às empreiteiras, que conseguiram entregá-la pronta em um tempo recorde.

Desse modo, foram executadas obras em viadutos, pontes, hidrelétricas, estradas e refinarias, tanto na esfera federal como nas estaduais e municipais. As propinas, hoje denominadas corrupção e lavagem de dinheiro, estão imbricadas nas grandes empresas brasileiras, tornando-as institucionais e endêmicas, segundo os comentaristas da área. Houve um governo do último século que estabeleceu um código para as antigas propinas, com um percentual aturável que poderia estar embutido na própria negociação. Esse código vigorou na última década de 60 e políticos da época, embora tendo usufruído dessa propina, morreram pobres e não deixaram fortuna para as famílias.

São poucas as autoridades que escaparam ou escapam desse vício estrutural reinante no país. Os casos mais comuns denunciados pela polícia e colocados na mídia são de áreas da polícia, do trânsito, da educação, das obras públicas, da Justiça e do mais grave, da política. Em nosso meio, encontrar alguém que nunca subornou um guarda de trânsito para sair de uma multa numa blitz, ou um agente da Justiça, de um serviço público, para que seu processo corresse mais rápido, pode ser bastante difícil.

No Brasil, a propina com o nome de corrupção foi estabelecida pela primeira vez na Constituição de 1934, que instituiu a CPI. As CPIs têm poderes específicos das autoridades judiciais e outros estabelecidos pelos Regimentos da Câmara dos Deputados e do Senado Federal para averiguar, em prazo determinado, e encaminhar o relatório final com a indicação dos infratores ao Ministério Público, que imputará a responsabilidade aos acusados. Dentre outras, as CPIs mais divulgadas pelos meios de comunicação foram a CPI de PC Farias, CPI do Orçamento, do Narcotráfico, dos Correios, do Mensalão e da Petrobrás, chamada de Operação Lava Jato. São milhões ou bilhões em propinas e desvios do dinheiro das empresas ou órgãos públicos que deveriam ser destinados à melhoria dos serviços e da qualidade de vida da população brasileira. Os corruptos se beneficiam fazendo uma verdadeira farra com o dinheiro público ou da empresa.

Como se sabe, a propina anda livre e solta em diversas classes sociais ou serviços, porém o crime não abrange a totalidade dos funcionários, autoridades e políticos. Alguns, principalmente governantes e outros políticos, saíram ilesos depois de processados e julgados.

Há autores que se referem à propina como um lubrificante ou amaciante para os negociadores. Em repartições públicas há funcionários que criam apelidos os mais exóticos para pedirem uma propina aos clientes. Uma jovem que foi a um órgão de uma Prefeitura de um grande município, solicitando um documento e arguindo sobre o prazo para ir buscar o papel, foi avisada do seguinte: "Normalmente, a senhorita pode vir ver se está pronto em seis meses, mas... se tiver o Faz-me rir, aí a gente pode agilizar. A decisão é da senhora". A jovem olhou para um lado, olhou para o outro, querendo entender o que era Faz-me rir, e perguntou o prazo com o Faz-me rir. Ele sorriu e respondeu: "Três dias, está bom?". Assim é: Faz-me rir para quem recebe e Faz-me chorar para que paga para quem dá e sai reclamando. Nomes os mais estrambóticos para propina, como Maria, gorjeta, molhadela, molhar a mão, joia, agrado, gratificação, lambidela, suborno, xixica, jabaculeta, adiantamento, um cafezinho etc., e lá vai propina!

6. realidade brasileira

Um médico relatou esse fato que segue para demonstrar a realidade de determinado local de praia brasileira. Eu, contrita, aqui o reproduzo por ter acontecido na minha pátria, no Nordeste brasileiro, numa cidade encantadora e famosa por praias paradisíacas, que atraem milhares de turistas de diversas partes do mundo, não somente pelo clima agradável, mas também pelas pessoas hospitaleiras e pela excelente gastronomia. O referido médico foi convidado para apresentar um trabalho de sua autoria em um congresso naquela cidade, cujo nome me reservo o direito de não citar.

O congressista, após longa viagem de seu estado, hospedou-se num hotel com ótimos serviços e preparou-se para, no outro dia, fazer a sua apresentação. Passou o dia envolvido, ouvindo os demais palestrantes com temas de seu interesse e conheceu diversos colegas de outras regiões e da própria cidade. Perguntou a um deles em que lugar ele poderia fazer uma caminhada na manhã seguinte, foi indicada uma praia próxima, de mar azul, ondas suaves e nem parecia de alto-mar. A água era morna como uma piscina aquecida, um tipo de praia que não há na região onde ele reside.

Passeou pelo calçadão cheio de turistas de várias procedências e boxes de guloseimas de frutos do mar e comidas típicas da região. Procurou uma cadeira de um box, acomodou-se e pediu um peixe com pirão. Veio um almoço farto: um grande peixe assado, arroz, pirão e uma boa salada. Enquanto almoçava, ele observou um grupo de homens parados ali por perto, os quais pareciam pessoas mais humildes, meio virados de lado, que também o observavam. Terminada a refeição, fez o pagamento e saiu da mesa. No momento em que ele se levantou, viu os homens avançarem sobre os restos da comida que ele havia deixado e comiam avidamente, como se tivessem fazendo algo às escondidas. Uma cena enternecedora!

O médico se afastou e esperou que eles terminassem, chamou o grupo, foi com eles ao garçom e pagou almoço para todos. Tomou a liberdade de se assentar com os homens à mesa enquanto comiam e conversaram sobre a vida que levavam, fazendo biscates naquela praia. E que tipo de biscate cuidavam! Na verdade, eram agentes de prostituição, cafetões, oferecendo adolescentes de 13 a 15 anos de idade aos turistas. O médico agradeceu a oferta e não falou de sua profissão. Para não constranger os homens, ele disse que era motorista de caminhão. E retornou ao lar, surpreso por ter conhecido a bela cidade com uma realidade chocante e de tamanho contraste socioeconômico. Constatou imensas mansões e casas de pescadores de extrema pobreza, verdadeira polarização de classes sociais.

7. missão no rio Amazonas

Uma jovem médica, recém-formada, decidiu ingressar nas Forças Armadas Brasileiras e escolheu a Marinha do Brasil. Geralmente, os profissionais dessa carreira procuram fazer residência médica ou ingressar logo em um curso de especialização para exercerem a medicina com mais competência. Em anos passados, alguns médicos não se especializavam em uma área e todos os conceituavam de generalistas, pois atendiam todas as enfermidades; eram os chamados clínicos gerais. Exercendo a medicina, atendiam mais algumas especialidades e, pela prática, tornavam-se experts em determinados tratamentos, até mesmo como cirurgiões.

Em localidades menores surgiam os médicos de família, que iam atender aos clientes em casa. Muitos se tornaram famosos na história local pela eficiência e conhecimentos gerais. Muito comum esses casos da medicina do interior do país. Eles eram os doutores sabe tudo, sempre respeitados por dedicarem a vida ao exercício da profissão. A história registra casos de médicos que iam a cavalo, subiam morro e desciam ladeiras para fazerem um parto difícil, cuja paciente já estava sendo atendida por uma parteira. E quantos faziam tanto sacrifício de viajar longe sem receber nada em troca! O amor à profissão desses discípulos de Hipócrates fez com que ficassem registrados na memória popular como os salvadores de vidas e quase ressuscitadores de enfermos graves. Havia poucos hospitais no interior e os consultórios médicos ficavam repletos de pacientes aguardando a consulta, que era por ordem de chegada.

A jovem formanda era órfã de pai, e a mãe, modesta professora, a mantinha noutra cidade para cursar a faculdade de Medicina. Com o dinheiro curto, a recém-formada se inscreveu na Marinha brasileira e prestou trabalho no hospital Marcílio Dias, da cidade do Rio de Janeiro.

A rotina de trabalho era bastante estrita, conforme se sabe, e também a disciplina da vida militar, em que o horário de trabalho e a postura profissional deveriam ser efetivamente cumpridos. A jovem se adequou aos regulamentos internos do hospital e de seus superiores. Deveria, inclusive, ter um comportamento social condizente com um militar brasileiro. O respeito aos superiores, a continência ao passar por um deles nos corredores, o tratamento a cada posto para onde era designada periodicamente, foram rapidamente assimilados. Se não obedecesse à rotina de posturas formais, havia castigos de diversos tipos. Para o trabalho recebeu diversas instruções e uniformes para uso em diferentes locais. Havia o uniforme cinza para trabalhar em outra unidade e o uniforme branco (calça e jaleco) para atender aos pacientes do hospital. O uso do quepe devia ser para sair da unidade hospitalar.

A Marinha do Brasil zela pela integridade da região da Amazônia desde o século XVIII, para proteger o vasto território contra a exploração de piratas e usurpadores das riquezas naturais da maior bacia hidrográfica do mundo, que se estende pela região coberta pela floresta Amazônica. A Marinha conta com sede nas capitais Belém e Manaus, onde controla as operações na imensa rede fluvial, utilizando uma frota de navios, lanchas e helicópteros, e conta com o recrutamento de fuzileiros navais para a missão. Além de equipes de profissionais treinados para o constante patrulhamento da região, mantém navios de assistência médica e hospitalar às populações ribeirinhas e já prestou milhares de atendimentos, incluindo campanhas educativas para a população dessas regiões de difícil acesso.

Após anos, a médica relatou sua experiência numa viagem de navio, a trabalho, pelo rio Amazonas, e disse que os fatos de que se recorda não são exatos e nem totais, mas registrou alguns dados que marcaram sua vivência no NASH (Navio de Assistência Hospitalar), missão que enobrece a função das Forças Armadas no atendimento à população ribeirinha de regiões inóspitas do norte do país. Ela foi destacada para integrar uma equipe de profissionais que iriam fazer parte de uma missão no rio Amazonas no mês de maio, no navio Carlos Chagas. Saíram da cidade do Rio de Janeiro, em avião de linha convencional, com destino a Belém. Do aeroporto foram conduzidos por carro oficial para a base da Marinha local de Belém. Passaram ali a primeira noite e, às 5 horas da manhã, foram conduzidos ao navio para iniciar a missão, que durou 23 dias.

O navio hospital saiu de Belém com a tripulação de 57 homens e três mulheres. Dentre eles, o comandante do navio, o segundo imediato e a equipe de profissionais, com uma médica oftalmologista, uma clínica geral, uma enfermeira, um clínico geral, dentistas – todos da Marinha – e outros dois oftalmologistas voluntários, um de uma universidade do ABC paulista e outro da universidade de Brasília. Na viagem, os tripulantes que atendiam à população vestiam um macacão cinza.

O NASH é um hospital navegante que possui dois andares, com alas exclusivas dos oficiais e praças. Possui dois consultórios médicos e odontológicos, um pequeno centro cirúrgico para realização das cirurgias de cataratas, e um aparelho de raio X. Segundo a médica, a região, sempre de muito calor, ocasiona o aparecimento da catarata na população regional, por isso a necessidade de realização dessas cirurgias. Depois de submetidos ao ato cirúrgico, o governo dos estados faz a doação dos óculos aos pacientes.

O navio partiu do porto de Belém pelo rio Amazonas em direção a Manaus. Fez duas incursões em afluentes, uma no rio Trombetas e, outra, no rio Xingu. As prefeituras das cidades recebiam com antecedência a comunicação da chegada do navio e esperavam os tripulantes que, geralmente, desembarcavam à noitinha, eram recebidos com alegria pelos moradores e recepcionados com um jantar de boas-vindas, demonstrando a satisfação pelos atendimentos médicos e odontológicos que chegavam para minimizar os problemas de saúde da população.

Atracaram no porto da primeira cidade, Porto de Moz. Em Óbidos, o calor estava tão intenso que ela desmaiou enquanto atendia a um paciente. E não trouxe boas recordações por constatar a pobreza extrema da população e o lixo espalhado pelas ruas da cidade.

O ambulatório flutuante fez atendimento em outras cidades, como Itacoatiara, local que lhe deixou ótima impressão pela limpeza dos jardins e organização do centro comercial. Em Parintins, atracou poucas semanas antes do festival folclórico. Depois de atender à população, o comandante do navio permitia a saída dos tripulantes à noite, e a médica foi com as duas colegas para assistir ao ensaio do desfile das escolas Caprichoso e Garantido. Essa festa foi iniciada na década de 1960, é das mais importantes festas regionais do Brasil e reúne visitantes de diversas partes do país e do exterior. A cidade estava sendo decorada em pinturas de casa, muros e ruas, com as cores vermelha do Garantido e azul do Caprichoso, os dois bois-bumbás que são as figuras centrais das agremiações. O festival apresenta um desfile com participantes fantasiados e carros alegóricos que desfilam pela avenida e se apresentam num estádio de futebol, cada qual com o tema escolhido, e o povo cantando, dançando e acompanhando a escola.

A navegação fluvial não apresenta os mesmos riscos do mar, por não ter ondas, mas exige cautela, por haver outro obstáculo: são os bancos de areia que mudam de lugar com a correnteza das águas, o que pode fazer o navio encalhar. Para evitar esse contratempo, a embarcação tem radares que são instalados na sala de comando, que detectam a distância entre o fundo do rio e o casco do navio. Há margens extremamente estreitas, que não permitem a passagem simultânea de duas embarcações. A cabine de comando, chamada de passadiço, é estampada de painéis repletos de alavancas e botões, e nessas cabines ficam os especialistas em cartografia para evitar erros na rota da embarcação. O comandante do navio costuma permitir aos tripulantes a entrada no passadiço e apresenta os mapas cartográficos de guia da viagem. Todos os procedimentos são avisados com antecedência aos tripulantes.

Nas principais localidades ribeirinhas, o atendimento era feito no próprio navio e, em outras comunidades de difícil acesso, os profissionais atendentes viajavam de lancha às localidades que ficavam à margem de pequenos afluentes. O navio dispunha de um heliporto com helicóptero, para levar os profissionais a povoados mais inóspitos e distantes da rede fluvial, e passavam sobre a floresta cerrada. A médica que me proporcionou este relato sempre se mostrava disponível para essas viagens. Disse que viajar de helicóptero sobre a região era emocionante, uma floresta cerrada que parecia não ter fim. Dentro do helicóptero, além da equipe de profissionais, iam remédios para distribuir aos atendidos.

O regulamento do barco estritamente seguido pelos tripulantes era rigoroso, e todo o itinerário da viagem era preparado com antecedência. A missão tinha como objetivo conseguir atender ao maior número possível de comunidades no menor tempo possível. Todos as operações seguiam protocolo meticuloso. Exemplo: para saídas de barcos ou de helicópteros, era tudo preparado com horas de antecedência e a máxima segurança. Os tripulantes tinham que estar prontos na proa do navio ao alvorecer, para a partida, com coletes salva-vidas e vestidos de macacão. Nos barcos e helicóptero, os lugares eram marcados para os tripulantes, dependendo do posto de cada um. Antes de o navio ancorar e antes de partir, todos os tripulantes tinham que ficar em seus postos predeterminados. Tudo executado com a maior segurança, dificilmente acontece um acidente. No horário das refeições, todos de pé, ao lado da mesa, esperavam o comandante assentar, servir-se e pegar no garfo; só depois os outros podiam se acomodar em seus lugares e se servirem. A culinária é muito boa; os alimentos estocados na despensa e comidas feitas pelos cozinheiros do navio são de dar água na boca.

Houve dias em que a embarcação atracava todas as manhãs em localidades próximas, mas, às vezes, passavam dois dias viajando rio adentro, até alcançar nova comunidade. Passavam por casas muito precárias, as chamadas palafitas, que flutuavam conforme a subida ou descida das águas. Passavam também por pequenas lanchas ou embarcações menores de moradores locais, e os tripulantes atiravam sobre as águas sacolas de roupas, que eram recolhidas pelas pessoas, que acenavam em sinal de agradecimento.

A última cidade visitada foi Manaus, onde terminou a missão. Antes de pegar o voo de volta ao Rio de Janeiro, tiveram um dia de folga, e o comandante da aeronave, que residia na cidade, emprestou um bugre às mulheres que passearam pelas ruas locais.

Finalmente de volta, vinham satisfeitas com o dever cumprido e por terem participado de uma bela missão da Marinha do Brasil, atendendo à população ribeirinha tão carente do rio Amazonas.

8. senhora dos cremes

A vida moderna feminina está muito complicada. Nós, as mulheres, estamos afetadas em excesso pela vaidade, que sempre contagiou o sexo frágil desde que o mundo é mundo. Esse desejo intrínseco do ser humano de chamar a atenção das outras pessoas sobre si mesmo, para a maioria das mulheres, é um fascínio irresistível.

Façamos uma incursão pela história da humanidade e reflitamos sobre nossos primeiros pais narrados na Bíblia Sagrada. A mãe de todos, Eva, não satisfeita com a vida boa do paraíso que o Criador havia lhe dado, resolveu investir na tentação do inimigo, representado pela figura de uma serpente. Pecado de desobediência que imbuía orgulho, curiosidade e vaidade. Por ela, estamos destinados ao pecado e a quantas mazelas da carne! Realmente, tudo de ruim que o segundo sexo sofreu por meio dos séculos e ainda sofre, é culpa da Eva, não duvidem! E sobrou para o primeiro sexo, que também sofreu as consequências, pois Adão foi conivente com a grande desobediência de Eva, nossa inesquecível matriarca.

Como mulher do século passado, nasci e cresci num ambiente totalmente desprovido de vaidade. Quero dizer, quase totalmente, pois vivíamos na casa da roça e sabonete era coisa de luxo. Usava-se sabão do reino para tomar banho, lavar o rosto pela manhã e as mãos antes das refeições. A roupa do pessoal de casa lavava-se com sabão preto feito no tacho da varanda de fundos. Que sabão malcheiroso, ou melhor, catingudo, que não custava dinheiro! Sim, porque na época e nas condições de escassez e pobreza da roça, não se via dinheiro.

A vida sempre dá muitas voltas, e como dá! Quero dizer, para mim, não foram propriamente voltas, mas um up; foi somente para cima em termos de conforto e costumes da cidade grande. A dificuldade e o isolamento da vida campesina ficou restrita ao passado e às lembranças que estão cada vez mais distantes com o passar da idade. Pertenço há anos a outra esfera da sociedade. Envolvida com a família, um bom círculo de amigos e pertencendo a diversos espaços na sociedade, reflito sobre a vida moderna que nos incita a obrigações que nos movem e nos consomem no dia a dia. Às vezes, sinto falta de mais simplicidade, menos obrigações sociais e vontade de fugir e ter um descanso que a rotina diária não me permite.

Um dos sinais dos novos tempos são os deveres e cobranças da família quanto a consultas médicas e cuidados com a saúde. Essa vigilância de permanecer sempre saudável me obriga a estar frequentemente indo a consultórios médicos, fazendo exames e mais exames, uma parafernália de tratamentos que me cobrem desde o alto da cabeça até a ponta dos dedos dos pés. Todos os meses tenho que sair para consultar etc., etc. Atrevo-me a relacionar aqui os especialistas que cuidam da minha saúde. A ginecologista, que escolhi e espero que seja minha médica enquanto eu viver. Anos atrás, eu me consultava com um ginecologista, mas decidi que só uma mulher deveria me examinar em consulta tão íntima. Tenho um clínico que cuida da saúde em geral. O especialista em osteoporose me receita para que os ossos do esqueletinho que me sustenta fiquem firmes e não fraturem. Houve um proctologista, que me curou de um mal inenarrável e me faz exames para ver o meu intestino por meio de um procedimento chamado colonoscopia. Terrível! O médico otorrinolaringologista, que me operou a garganta. Tenho me consultado com um especialista devido a uns cistos que me apareceram no fígado – ainda não sei o nome da especialidade. Minha cardiologista está sempre controlando a pressão e o colesterol para que permaneçam em bom nível. O ortopedista, que me assegurou andar corretamente depois de ter me operado o joelho esquerdo por duas vezes, após uma queda e fratura. O oftalmologista, que receita os óculos e me acompanha no desenvolvimento de cataratas. Já usei lentes de contato, mas me cansei de tantos cuidados. Consultei um cirurgião plástico, que insiste em me fazer uma cirurgia para retirar as rugas. Fiz com ele uma troça e lhe disse que levei de 50 a 60 anos para conseguir umas ruguinhas e agora ele quer me deixar sem elas? E o cirurgião gastroenterologista, que me submeteu a três cirurgias de intestino e detectou-me um câncer, creio que dos menos agressivos, visto que não precisei fazer quimioterapia. A oncologista que me acompanhou nesses anos pós-câncer me considera curada. O geriatra, que está sempre atento à doença neurodegenerativa, que recebeu o nome do médico alemão Alzheimer, para que não deteriore minhas funções cerebrais. Se o leitor foi capaz de enumerar os médicos que eu preciso visitar anualmente, parabéns, está bom na matemática e não se cansou de saber esse exagero de cuidados com a saúde. Refazendo a contagem, são 13 especialistas que estão querendo me assegurar chegar aos 100 anos de idade!

Fazendo uma conta superficial, imaginemos se cada um desses médicos me pede um ou dois exames a cada vez que vou fazer a revisão. Serão exames demais, portanto, todos os meses do ano tenho que fazer duas consultas: uma para receber os pedidos e outra para mostrar os exames ao médico. Um cansaço! Tudo isso sem nomear as 14 cirurgias a que fui submetida, sendo 13 com anestesia geral e uma local.

Quando vou a um médico pela primeira vez, eles me perguntam se já fui operada. Eu sempre digo que é mais fácil me perguntar do que eu não fui operada. Eles riem e me pedem para enumerá-las. Aí, eu pergunto: posso começar de baixo ou de cima, ou seja, dos pés ou da cabeça, como o senhor quiser...

Dentre todos esses especialistas que acompanham minha saúde, resta-me citar a especialista número 14, minha dermatologista. Essa é a que me atribula mais, pois quer me deixar com pele de jovem de 20 anos e o controle é mais acirrado e diário. Vive comigo e é minha filha. A especialidade é discutível pela quantidade de produtos de beleza que imperam no mundo moderno das vaidades femininas. Cremes e mais cremes! Líquidos, pastosos, secos, em tubo, em potes, spray, em vidro, de várias embalagens. É produto pra tudo! São tantos que talvez me esqueça de citar algum.

Começando pelo cabelo: xampu, condicionador, creme de hidratação e creme de pentear. Ela me presenteou com um xampu seco. E uso o fixador para firmar o penteado. Uso tinta de cabelo, creme de massagem, antes de pintá-lo. Vamos ao rosto: lápis de sobrancelhas, rímel para os cílios, lápis para o contorno dos olhos, delineador para as pálpebras superiores e sombra mais forte ou mais fraca dependendo do horário, se é dia ou noite. Na pele do rosto, creme umidificador antes da base; depois, passa-se o pó compacto e o blush, com um pincel sobre as maçãs do rosto para dar uma corzinha suave. Corretivo para as olheiras. Batom, lápis de contorno dos lábios. Para o corpo, sabonete em barra e líquido, desodorante nas axilas, hidratante para o corpo, protetor solar para sair sob o sol ou na claridade do dia. As mãos recebem os cremes amaciantes. As unhas são cuidadas com base, esmalte, brilho e óleo secante. Nos calcanhares, há cremes para amaciá-los. E, finalmente, um bom perfume, os estrangeiros, franceses de preferência, para contagiar quem está ao nosso redor. Antes de ir para a cama, há creme para retirar a maquiagem e hidratantes de rosto para deixar a pele suave durante o sono.

É possível ter vida tranquila, um pequeno descanso com mais de 30 produtos de beleza, cremes, pós, líquidos embelezadores que não dão descanso à nossa mente e que precisam ser comprados porque a indústria da beleza é a que mais vende nesse país da vaidade das vaidades?

Denominei a dermatologista que me receita toda essa parafernália de produtos de Senhora dos Cremes. E o pior é a vigilância que sofro diariamente com os questionamentos, se usei ou não usei tal creme, ou, passando a mão na pele dos meus braços, vem logo falando: "Já sei, não passou o hidratante que eu trouxe, não é?". Os pacientes do consultório dela nunca saem sem uma receitinha de cremes. E a cobrança vem depois: "A senhora está usando o creme tal que receitei para amaciar a pele?". Se a pessoa é idosa, então, fica pior! Eu, muito curiosa por estar com a pele tão seca, se eu não tinha esse problema enquanto mais jovem, ouvi da médica aquele discurso comprido explicando o motivo de o idoso ter pele seca. Aí, vêm mais cremes! Nem os velhinhos escapam dos cremes da Senhora dos Cremes! Ela sempre se explica: "Não tem essa de ser homem! Tem que usar também para melhorar a aparência, ter pele macia e ficar mais jovem!".

A frequência aos salões de beleza é outro ponto forte da mulherada. E lá são diversos tipos de embelezamento: cortes de cabelo na moda, alisamentos, apliques, maquiagem, tintura de cabelo, manicure etc. E, ultimamente, surgiram os spas, frequentados pelas que querem emagrecer fazendo uma educação alimentar ou tirando dias para um relax das atividades laborais.

As meninas estão imitando as mães. Desde a mais tenra idade, vão à manicure, pintam as unhas, frequentam salões de beleza, pintam o rosto com base, sombra nos olhos, e não saem de casa sem usar batom e passar perfume. Usam roupas de marca, calçados e bolsas de grife.

Os homens também trazem suas vaidades desde muitos séculos, claro que adaptadas ao sexo e a cada realidade. Nas grandes culturas, desde antes de Cristo, encontra-se na literatura a vaidade imperando, principalmente no antigo Egito, nas classes superiores e dos faraós; na Grécia, onde nasceu a Filosofia, nos governantes da democracia; em Roma, nas classes mais altas, dos imperadores, e assim vai pelo período medieval, alcançando os nossos dias.

Nestes últimos anos, os homens estão adeptos das cirurgias plásticas, corrigindo rugas, formato de nariz, fazendo implante de cabelo, exóticos cortes, frequentando salões de beleza, massagem, spa, usando cremes de beleza, hidratantes, perfumes, pintando as unhas, usando brincos, pulseiras, anéis, tudo por conta da vaidade, a eterna vaidade...

E, ultimamente, chegou ao Brasil, e até a minha cidade, o costume de maquiar as mulheres que faleceram e são levadas ao necrotério para serem veladas... Muitas já são feias de natureza e depois de mortas, nem se fala! Que vaidade macabra! Parece incrível, mas é verdade! Nós, as mulheres desta era, não temos o direito de descansar dos abençoados cremes de beleza nem depois de mortas!

9. taxas e mais taxas

O tempo do tempo livre existia no passado. Houve tempo em que se contava o tempo, os anos, meses e até as horas. A vida passava lentamente e havia tempo para tudo: trabalho, descanso, lazer, visita às comadres, conversas na porta de casa, festinhas de aniversário de crianças em que as famílias compareciam em peso para participar dos parabéns aos filhos dos vizinhos, parentes e amigos. Como era bom ter amigos sinceros! Vizinhos que se tornavam parentes, cuja amizade era preservada por toda a vida, mesmo se alguém mudava para bem longe! Se a filha casava, a mãe recomendava: "Filha, procura teus vizinhos para fazê-los amigos, pois na necessidade, eles é que vão te socorrer". Com o hábito de manter contato mais próximo com as pessoas, havia o adágio popular: "Os vizinhos são os primeiros parentes". Se de última hora faltava o açúcar ou o pó de café, corria-se à vizinha; se não se lembrou de comprar o sal e na hora do almoço o pote estava vazio, dava-se um pulo até a casa da vizinha e voltava-se com o pote cheio. Toda ajuda relacional fazia-se prontamente.

O tempo do tempo livre nem sempre colaborou com a preservação da individualidade das pessoas. Visitas às mesmas famílias, parentes, amigos e comadres não deixavam de ter um desejo de saber da vida dos outros e um toque de malícia. As visitas chegavam de mansinho e eram recebidas alegremente, com a boa tarde costumeira, ao dar a mão uns aos outros pelo costume que imperava. E conversa vai, conversa vem, sabia-se de tudo de todos com quem se podia comunicar e daqueles com quem não se podia comunicar. O que se sabia de novidade, repetia-se durante dias dentro de casa. Verdadeira falta do que fazer!

Hoje, o tempo do tempo livre está extinto. As obrigações sociais se avolumaram e a vida moderna não nos permite fazer visitas como antigamente. Raramente se vai à casa de um amigo. E, se precisamos fazê-lo, temos que telefonar com antecedência para saber se estão livres para nos receber. Nas grandes cidades, se vivemos em um edifício, nem conhecemos os vizinhos que moram ao lado. As pessoas se cumprimentam nos elevadores apenas formalmente e não chegam a aprofundar uma amizade, apenas conversam sobre o supérfluo. Na rua não se olha para quem passa. Mesmo se cruzamos com um amigo, não o vemos, porque caminhamos sempre com pressa e olhando para frente, para os sinais de trânsito. É o mundo da indiferença, da total falta de atenção com relação à vida do outro. É o que os filósofos chamam de relação social alienada, em que o princípio que orienta as relações é: não se envolver com ninguém.

O contato físico entre as pessoas está restrito às formalidades do ambiente de trabalho. São alterações em muitos aspectos da vida familiar e social, inclusive no âmbito das fofocas. De início, lembro-me de que se ficava sabendo das notícias quando se visitavam regularmente os amigos. Houve um tempo em que as fofoqueiras que gostavam de saber sobre a vida dos outros assentavam em cadeiras fora das casas, nas calçadas, vigiando quem passasse e, papinho daqui, papinho dali, sabiam da vida de todo mundo.

O telefone chegou, as famílias começaram a ter os seus. Eram grandes, pendurados numa caixa preta, os quais se tiravam do gancho e discava o número. As fofoqueiras mudaram de ponto: foram para os telefones convencionais. Depois, apareceram os telefones celulares. Recentemente, as ligações pelos celulares diminuíram muito e o veículo de fofocas tem outro nome: o WhatsApp, ou um número extenso de redes sociais. Se estamos conectados à rede e temos o aplicativo útil –e ao mesmo tempo fútil – da comunicação instantânea, não estamos livres das fofocas.

Concomitante ao aparecimento dos telefones, surgiram outros meios de comunicação pelos computadores com a Internet. Bastava um dentro de casa e estávamos conectados com o mundo. Posteriormente, os tablets, os notebooks e celulares nos permitem a mesma comunicação. Uma facilidade que não mede distância para nos falarmos e nos vermos pelas telas ou enviarmos um documento para qualquer pessoa. As redes sociais se ampliam e há um número imenso de redes. Inicialmente, eu conheci o Orkut. Os primeiros contagiados pela febre da comunicação foram os alunos adolescentes, que ficavam envolvidos com os assuntos que badalavam na rede. Era a grande novidade, e logo apareceram o Twitter e o Facebook, que se tornaram mais populares, obrigando as pessoas a estarem atualizadas com a rede formada por pessoas e organizações, partilhando ideias e notícias, publicando fotos para os amigos e participantes. Posteriormente, surgiram o Instagram e o Linkedin, bastante divulgados entre categorias profissionais. Outro bom veículo é o Skype, de comunicação cara a cara. A maior adesão às redes sociais no Brasil é de pessoas da faixa etária entre 18 a 45 anos. Ultimamente, o aparecimento dos aplicativos de mensagens ocupam as pessoas que transmitem e divulgam recados, informações rápidas, e que tomaram conta do cotidiano do brasileiro. O Telegram, o Line e, o de maior adesão, o WhatsApp, e outros, ocupam de tal forma o tempo livre das pessoas que não há tempo para um bom bate-papo presencial.

A popularização do invento do escocês Graham Bell, a industrialização, o aumento da frota de veículos enchendo as concessionárias com modelos variados e o surgimento da tecnologia, dos computadores e celulares, fizeram aparecer outros compromissos financeiros que envolveram os salários dos trabalhadores num giro desenfreado de pagamentos. O universo das relações sociais e familiares está profundamente alterado e a vida moderna gira como uma roda viva de consumo sadio ou alienado, que provocou a criação de grande quantidade de taxas que não existiam anteriormente.

Façamos um retrospecto de tais boletos, descontos em conta bancária, pagamentos por cartão de crédito em lojas físicas ou on-line. São contas de telefone convencional – se ainda os temos –, celulares, assinatura de internet, de canais de televisão, de revista on-line, plano de saúde, financiamento de carro, licenciamento, seguro e combustível de veículo, seguro de vida, financiamento ou aluguel de imóveis, taxa de incêndio, imposto predial urbano, imposto de renda, associação de classe, previdências social e privada, condomínio, fundo de garantia e previdência social dos empregados, taxa de recolhimento de lixo, conta de energia elétrica, de gás, de água e esgotos, mensalidade de escola particular, dentre outros.

A instantaneidade de comunicação on-line aliada à rotina de trabalho, recebimento de salários e pagamentos consome grande parte do tempo de lazer das famílias, que pouco conversam entre si. Basta observarmos em restaurantes um grupo de amigos numa mesma mesa, cada um com seu celular, falando com quem não está presente. Uma parte dos idosos está integrada ao novo estilo de viver com as tecnologias, e outra se exclui, demonstrando repulsa, medo ou insegurança para acessar o computador. Crianças, logo que aprendem a falar, sem nenhum entrave começam a mexer no celular e usar os aplicativos de jogos infantis. E assim caminha a era das tecnologias, até alguns anos chamadas de novas. Hoje, as novas estão velhas e suplantadas pelas novíssimas tecnologias, concorrendo a lançamentos de aparelhos cada vez menores e mais sofisticados. É tempo da nanotecnologia.

10. superstições e crenças

A capacidade da invenção do irreal sempre existiu em todos os tempos e lugares. Onde houver um pequeno grupo de pessoas, a criatividade toma força e se expande.

O folclore brasileiro é repleto de crenças e superstições que estão arraigadas no imaginário popular e que variam de região para região. Creio que nenhum cidadão nascido nesse Brasil gigante pode afirmar que não conhece uma boa relação de superstições que ajudam ou atrapalham o dia a dia das pessoas.

Nos meios rurais e entre as pessoas de escolarização mais baixa, o número dos que creem em superstições é maior. No entanto, em classes mais abastadas, em categorias profissionais diversas, também vemos crenças, e o mais curioso é que se vangloriam delas e modificam o seu dia a dia, marcam e desmarcam compromissos de trabalho ou festas, visitas, negócios, viagens e programam a vida respeitando determinados dias do mês, da semana e horários, obedecendo a um ritual de convenções e regras que tolhem a liberdade de ações. O grande mal e o negativo das superstições é que elas costumam atrapalhar a rotina diária das pessoas.

Enfim, a mente humana, imitativa e criativa, precisa acreditar em algo para viver mais tranquila, ter o seu descanso noturno, acreditando na sorte e sem pesadelos. Essas crenças sobre fenômenos da natureza ou acontecimentos naturais da vida humana não têm explicação da ciência, são reproduzidas de avós para pais e destes para filhos, perpassando ininterruptamente as gerações. Pertencem ao mundo da magia e alimentam pessoas de boa-fé, que creem em forças sobrenaturais, embora algumas pratiquem uma religião. Geralmente, são pessoas que acreditam em feitiços, maldições, benzedeiras, conjuros, quiromancia, adivinhos, bruxaria, pragas e outros meios de fazer o mal, o bem ou prever o futuro de alguém.

No meio rural em que vivi na infância e juventude, conheci um número incalculável de crenças em que os colonos e empregados de casa acreditavam e "juravam de pés juntos" que eram verdade. Por falar jurar de pés juntos, aí está outra superstição. Podia-se jurar de vários modos: batendo o dedo indicador nos lábios, assentados e cruzando as pernas ou cruzando dois dedos da mão. Expressões de juramento eram fartas: jurava-se pela alma da mãe; por todos os santos do céu; pelo amor da mãe; pelos quintos dos infernos; por tudo que havia de mais sagrado; que se queria cair mortinho ou que se podia ficar ceguinho dos dois olhos se o que se estava falando não fosse verdade. Juramento de todo jeito, menos jurar por Deus, aí era pecado mortal e Deus castigava... Tais juras eram nada mais do que superstições que faziam parte da linguagem informal, empregadas por motivo banal até pelas crianças.

A autoridade das crenças em minha casa era minha mãe, justificada pelo aprendizado na fazenda dos meus avós, com fama de ricos fazendeiros, porém quase analfabetos. Em posição econômica oposta, meu pai era filho de família pobre, que morava nas terras dos parentes e dedicava as horas livres à leitura. O pai de meu pai era maestro, viajava a serviço da profissão, ensinando música aos alunos que lhe pagavam para aprender a tocar piano, e ele sustentava a família com esse ganho. Minha avó, uma mulher amante das boas leituras, de poesias, incentivava os filhos ao mesmo lazer. Eram pessoas realistas e céticas quanto a superstições ou qualquer lenda popular ou crença em destino. Depois que meus pais se casaram, ele combatia firmemente as superstições que ouvia da esposa. E nós, filhos, fomos crescendo induzidos por ele a acreditar no óbvio e em nada mais.

Embora descrente, conheço as superstições que os vizinhos, amigos e parentes repetiam. Relaciono algumas que me vêm à memória:

Se uma visita está demorando para ir embora, alguém coloca a vassoura atrás da porta e logo a visita se retira. Diziam que era "tiro e queda", queriam dizer que agia rápido.

Não se pode varrer a casa depois que escurece, a casa fica amaldiçoada.

Criança que anda a cavalo em vassoura vai adoecer e morrer cedo.

Passar debaixo de uma escada que está inclinada na parede é provocar acidente com a pessoa (eu, particularmente, não passo embaixo de escada, especialmente se for numa calçada de rua, por outro motivo: corro o perigo de ela cair sobre a minha cabeça).

Coruja piando ou gavião-carijó guinchando perto de casa significa que alguém da família vai morrer em breve. Sempre que alguém morria, a família dizia que uma dessas aves, dias antes, havia estado perto de casa. Não eram apenas as famílias que não gostavam de ouvir pressentindo o mal, mas as galinhas entravam em pânico e corriam com os pintinhos para se esconderem dos gaviões, que queriam roubar-lhes os filhotinhos e sair carregando-os pelas unhas dos pés, para se deliciarem bem distantes dali.

Sol descoberto e brilhante entrando ao entardecer era sinal de sol quente no outro dia.

Mulher menstruada não podia lavar a cabelo porque o sangue subia pra cabeça, e nem tomar banho frio porque suspendia as regras.

Mãe que acabou de ter filho tinha que tomar muito canjicão para aumentar o leite dos peitos e não deixar secar.

Outro exemplo é o dia 13 de cada mês, que traz azar. Se cai numa sexta-feira e se ela for do mês de agosto, nada pior para atrair maldição. O estigma vem do dia 13, da sexta-feira – creio que pela morte de Cristo – e do mês de agosto, caracterizado como o mês do desgosto. Imagine três atributos malignos numa só superstição! Pois dizem que em alguns edifícios, o número 13 é tão evitado que a numeração dos andares salta do 12 para o 14. Na Escandinávia havia uma crença sobre uma deusa do amor, de nome Friga. Com a chegada do Cristianismo, os habitantes se converteram, a deusa virou bruxa, refugiou-se nas montanhas e, por vingança, rogava praga aos convertidos, juntando-se a 11 bruxas e ao maligno, e num total de 13, faziam bruxarias nos dias de sexta-feira.

Na hora da Ave-Maria não se podia sair ao terreiro porque o bicho ruim ou Saci-Pererê de uma perna só, carapuça vermelha na cabeça e cachimbo na boca, estava rondando a casa. Durante a noite se ouvia o latido de um cachorro do lado de fora. Era o saci, que estava chicoteando o vigia da casa.

Dia do ano sagrado era Sexta-feira Santa. Tinha que ser respeitado e não era dia de viajar porque na certa ia acontecer coisa ruim com a pessoa. Certa vez, ocorreu um acidente em que o carro de bois virou numa curva e matou uma mulher no dia da Sexta-feira Santa. O boato se espalhou pela região.

Toda sexta-feira, à meia-noite, o lobisomem andava pelas estradas caçando presa. Se encontrasse um homem, ele mordia, e o homem virava lobisomem. Esse lobisomem era um homem normal, mas, à meia-noite, ele se transformava, saía da cama e andava pela estrada procurando alguém pra morder. Diziam que alguns homens eram lobisomens, mas ninguém sabia quem. Uns cogitavam ser o compadre; outros, o vizinho que xingava os próprios filhos, a mulher e até os animais com mil palavrões. Este, então, tinha que ser lobisomem, pois odiava os cachorros de casa e da vizinhança e gostava de saídas noturnas para beber cachaça na venda dali de perto. E ninguém sabia a que horas da madrugada ele entrava em casa.

Ter um pé de coelho nos guardados ou pendurado no chaveiro é um bom amuleto para a sorte.

Encontrar um trevo de quatro folhas é sorte para a pessoa.

Colocar a bolsa no chão faz a pessoa afastar a riqueza.

Se quebrar um espelho, atrai sete anos de má sorte. Nem pensar em se olhar no espelho em pedaços: a pessoa vai perder a alma e outra pessoa pode lhe roubar a boa sorte.

Deixar o guarda-chuva aberto dentro de casa é chamar a morte para a família.

Criança que fica embaixo da mesa está chamando visita.

A barra da saia, se virar pra cima, é porque a pessoa vai ganhar um vestido novo.

Criança recém-nascida não pode sair de casa na Semana Santa se não tiver sido batizada. Atrai o inimigo.

No quarto de dormir, se a cama ficar com os pés para a porta, é sinal de que a pessoa que dorme na cama vai embora de casa.

Dar três pancadinhas na madeira afasta o mal.

O lago em frente do Palácio do Planalto, em Brasília, e o lago da Fontana de Trevi, em Roma, estão cheios de moedas porque as pessoas que visitam esses lugares creem que se jogarem moedas na água e fizerem um pedido, ele acontecerá.

Entrar em qualquer lugar pela primeira vez ou sair da cama de manhã, com o pé direito, faz a pessoa ter um dia de sorte.

Se a orelha ficar quente é porque falam mal de você. Vingue-se dizendo o nome de quem pode ser e, ao acertar a pessoa, morda o dedo mindinho da mão esquerda e o falador morderá a própria língua.

No caso de perder qualquer coisa, pode rezar uma Salve Rainha ou dar três pulinhos e pedir a São Longuinho que ele atenderá.

Para cada lugar de coceira tem uma crença: se for na sola do pé, você viajará para longe; se for na mão esquerda, vai receber uma boa soma de dinheiro; atrás da orelha, você está sendo traído.

Ter uma ferradura em casa sempre virada com as pontas para cima, traz sorte.

Dentre os animais fixados por males ou sorte, os gatos foram e são os culpados de males e benefícios acontecidos ou a acontecer. Desde o Antigo Testamento, contam que, na Arca de Noé, a qual abrigava um casal de cada animal que habitava a Terra, não existiam gatos, e os ratos reproduziram tanto que Noé pediu ao rei leão que espirrasse e, desse espirro, apareceram os gatos. A frase que se diz para as crianças que, em presença de estranhos, não querem falar, "O gato engoliu sua língua", tem origem nos castigos dados em alguns países, nos quais os malfeitores tinham a língua cortada e jogada para ser comida pelos gatos do rei. Cruzar com eles à noite é atrair azar. Se o felino for preto, com olhos brilhantes no escuro, é para sair correndo pela rua e procurar uma boa oração para evitar o mal. Gato em casa chama dinheiro e se ele dobrar as patas e escondê-las, vai cair uma tempestade. E os bichanos que se cuidem, pois ora são estigmatizados, ora são bem-vindos, como amigos e companheiros de nossos lares.

Se a pessoa quebrar um saleiro, deve pegar um pouco do sal derramado e jogar no próprio ombro esquerdo para afastar o mal do sal.

Quem mais sofria com os conselhos das supersticiosas eram as mulheres grávidas. O número de crendices que ouviam das pessoas, até de estranhas que encontravam na rua e se diziam especialistas, era assustador. Previsões sobre o sexo do bebê: do repolho, do formato da barriga, do pé frio, da tesoura ou colher, se a gestante sentia azia, da vontade de comer doce ou salgado. Felizmente, hoje, estão sendo superadas pelos exames que descobrem cedo o sexo da criança. Ainda falam das visitas, das roupas do bebê que não podem ser abotoadas, figas nos bercinhos, condutas para a amamentação, mulheres menstruadas não devem visitar a mãe nos primeiros sete dias após o parto e nem podem assentar na cama da parturiente porque faz o leite da mãe secar.

As superstições não se restringem ao Brasil, contagiando outras culturas. Em países de todos os continentes encontramos supersticiosos com verdadeiras excentricidades de crendices, variando de local e de país. Vejamos algumas.

Na África do Sul, as mulheres grávidas devem comer um cozido de ervas com flor de margarida misturada com urina de animais.

Em um país asiático, as grávidas devem tomar bastante sopa de algas marinhas.

O suco de romã é tomado pelas grávidas do Irã.

Nos países de língua inglesa, surgiu a crença de dizer "God bless you" – Deus te abençoe – a uma pessoa que acabou de espirrar. No Brasil se diz saúde. Essas expressões surgiram porque se acredita que quando alguém espirra sem estar resfriado, é porque sua alma quer sair do corpo.

Na América Central, em região de terremotos, os habitantes creem em determinados sinais da natureza e dos animais, que preveem a aproximação de abalos sísmicos. Falam que o vento para repentinamente e faz um silêncio estranho; os passarinhos ficam caídos no fundo das gaiolas e cavalos levantam o focinho, como que cheirando o ar parado. Cada animal se manifesta de uma maneira. Superstição ou não, os fenômenos acontecem em poucos segundos antes dos tremores de terra.

Na China, o som do número quatro e morte são parecidos. Com isso, o quarto andar dos prédios não existe e esse número é evitado até em celulares. E se em algum aparece o quatro, custam mais barato. O oito e os múltiplos de cinco são números que trazem bênçãos. O morcego é um voador respeitado porque o som da palavra é semelhante à riqueza. Sons parecidos são peixe e abundância, por isso o peixe é símbolo de abundância. A moeda chinesa é redonda, com um quadro no centro significando a união entre o céu e a terra e, se amarrada com fita vermelha, traz fortuna e felicidade. Põem-se cinco moedas, atrai dinheiro, e seis, afasta os maus espíritos. São sinais de má sorte presentear pessoas com relógios ou embrulhar presente com papel branco. A simbologia das cores é complexa e deve-se optar sempre pelas cores vermelho e dourado. Se no Brasil pensamos que somos supersticiosos demais, peçamos licença aos chineses, que acreditam em azar, monstros, espíritos dos mortos e um excesso de superstições conservadas pela tradição milenar.

Uma ciência que vem da China milenar é o Feng Shui. Segundo os seus adeptos, os arquitetos têm que conhecer as indicações da geomancia para planejar casas, edifícios residenciais e comerciais, escritórios, agências bancárias e palácios dos imperadores. Os decoradores também devem levar em conta a ciência na disposição do mobiliário dos ambientes de residências ou estabelecimentos comerciais. Para as pessoas terem boa saúde e sorte nos negócios, devem ter as casas construídas obedecendo às normas científicas do Feng Shui. Por exemplo, a frente da casa deve ficar para o lado sul, de preferência voltada para um riacho ou mar. Nunca deixar uma árvore na frente da porta da sala. A porta de frente nunca deve ficar na mesma direção da porta dos fundos, porque a fortuna entra por uma e sai pela outra. Nunca ter sua casa perto de cemitério, no final de uma rua estreita ou na junção de cruzamento. Colinas ou montanhas na direção norte protegem contra más influências. Quando os grandes bancos de Hong Kong e Shangai estavam em decadência, foi convocado um cientista do Feng Shui para supervisionar os edifícios, e ele removeu duas grandes esculturas de leões que estavam bloqueando a entrada. As Muralhas da China, os bancos dos países asiáticos, as lojas de departamento e escritórios nos arranha-céus foram cuidadosamente planejados com a segurança do Feng Shui. Há notícias de maldições e mortes misteriosas nos filmes de arte marcial por não obedeceram ao Feng Shui. No Brasil, essa ciência está difundida em alguns estados, porém, para a maioria das pessoas do Ocidente, é pura superstição.

Dos Estados Unidos sabem-se algumas superstições: sonhar com pano é sinal de sorte. O sapato desamarrou, estão falando mal de você. Na refeição, se espirrar com a boca cheia de comida, um amigo morrerá em breve. Jovens não devem ser dama de casamento por três vezes ou não encontrarão casamento.

Na França, se a pessoa cruzar o rio levando um gato, não vai ter felicidade na vida. Se o gato for preto e alguém achar um pelo branco perdido no meio dos pretos, terá sorte para sempre.

Se buscarmos crendices em muitos países, encheremos este e muitos outros volumes de citações. Finalizo aqui com esses poucos conhecidos casos de superstições.

11. fobias

As fobias que fazem parte do comportamento humano são situações de constrangimento a todos que sofrem desse mal. Para cada tipo de fobia a língua portuguesa dá uma nomenclatura. Os medos de locais, objetos, até de situações são manifestações patológicas que afetam a vida do homem, que às vezes, torna-se obsessivo, consciente e ou inconscientemente. As pessoas estão frequentemente vulneráveis às fobias, independente de raça, classe social ou gênero. As reações negativas dos que têm fobia são diversas: ficam pálidos, começam a gaguejar, aparecem tremores e frio nas mãos, bambeza nas pernas, frio na barriga, diarreia...

O susto é diferente da fobia, embora essa sensação possa dar início a uma fobia. Quando alguém repentinamente se depara com uma barata, imediatamente dá um grito de pavor e a tendência é matá-la ou correr para que outra pessoa venha a eliminar o inseto. Mas se a pessoa sente um mal-estar a ponto de desmaiar ou ficar paralisada, então é fobia, chamada de catsaridafobia. Existem pessoas que têm fobia de nomes compridos. Observe o leitor se a escolha do nome foi proposital: hipopotomonstro-sesquipedaliofobia – verdadeira ironia dos gramáticos encontrarem esse nome para designar pessoas que sofrem desse mal.

Umas fobias são comuns a várias pessoas e algumas totalmente bizarras. Alguns exemplos: lembro-me da tanatofobia, que é medo da morte. Quem não a tem? Se alguém, mesmo um grande religioso, disser que não sofre com medo de morrer, desculpe-me, mas que tem lá no íntimo um medinho, isso tem... Conheço uma jovem que tem ojeriza à palavra morte. Se um grupo de pessoas está conversando e o assunto morte surge, ela fecha os olhos com expressão de pavor e pede para não falarem nesse assunto; e se continuarem, ela se retira do ambiente. Certa vez, insisti falando e perguntei o motivo de tanto medo, se a morte é a consequência de nascer e de viver. A resposta foi evasiva... Creio que essa é fobia das graves!

Ouso fazer uma pequena classificação das fobias. As mais comuns são: odontofobia, medo de dentista ou qualquer procedimento cirúrgico dentário; acluofobia, medo ou pavor de escuridão; aeroacrofobia ou acrofobia, medo de altura ou lugar aberto e alto; fotofobia, medo de luz; medo de estrangeiros é xenofobia; hidrofobia, medo de água; aerodromofobia, medo de viagens aéreas. Essa fobia impede algumas pessoas de viajarem de avião e se insistem, podem entrar em pânico durante a viagem e causar transtornos aos passageiros e aos comissários; claustrofobia, fobia a ambientes fechados, que também afeta várias pessoas. Um senhor desenvolveu essa fobia depois de idoso e se nega a viajar de avião, não propriamente por medo de voar, mas por ter que atravessar os tubos de conexão da saída do aeroporto ao avião. É o típico claustrofóbico.

E os casos de quem tem medo de elevador? Conheço um advogado que mora no 19º andar do edifício. Ele desce e sobe a escadaria do prédio todas as vezes que sai e faz o mesmo no escritório em que advoga. Assisti a uma cena hilária de uma mulher que estava subindo pelo elevador comigo e o síndico do edifício no momento em que a luz faltou. O prédio não tinha gerador de energia e ficamos presos por cerca de 40 minutos. Imediatamente, ele ligou pelo celular à assistência técnica dos elevadores e para o Corpo de Bombeiros. A mulher, autêntica claustrofóbica, dava gritos histéricos, fingia que ia desfalecer, uma cena triste e ao mesmo tempo, cômica. Nós a segurávamos e eu fazia umas piadas na tentativa de descontraí-la. Ela nos olhava com expressão de pânico, às vezes ria, às vezes chorava. Falava com voz trêmula: "Gente, nós vamos morrer sufocados. Está me faltando o ar". Outros moradores se aglomeraram do lado de fora do elevador, o síndico conseguiu abrir uma fresta na porta e falava com os que estavam tentando ajudar, até que os bombeiros apareceram e conseguiram nos retirar daquele sufoco.

Fobias relativas a doenças: um mal que afeta muitas pessoas é o medo de sangue, a hematofobia; medo de vermes é verminofobia; medo de diabetes é diabetofobia; medo de bactérias é bacilofobia ou bacteriofobia;

medo de agulhas ou ponta de objetos é aicmofobia; medo de sentir dor é algofobia; meningitofobia é medo de doença nervosa; monopatofobia é medo de doença incurável; falacrofobia ou farmacofobia é medo de tomar remédios; nosocomefobia é medo de hospital; medo de ficar doente é nosofobia ou nosemafobia; medo de cirurgia é tomofobia; tripanofobia é medo de injeções; odinofobia, odinefobia ou algofobia é medo da dor. São tantas fobias que sinto fobia por ser portadora de algumas.

O medo de animais é zoofobia e alguns causam mais repulsa a quem sofre dessas fobias. Por exemplo: ailurofobia é medo de gatos; aletrorofobia é medo de galinhas; cinofobia é medo de cães; entomofobia é medo de insetos; equinofobia é medo de cavalos; ornitofobia é medo de pássaros; medo de aranhas é aracnefobia ou aracnofobia.

Medos estranhos, talvez exóticos: ripofobia, fobia a defecar; sinofobia, fobia a chinês ou cultura chinesa; orientalofobia, fobia a orientais; nipofobia, fobia a japonês ou cultura japonesa; eisoptrofobia, fobia a espelhos ou de se ver no espelho – essa é para os feios; fobia social, medo de ser visto negativamente pela sociedade; melofobia, fobia ao som de música – leitor, observe que alguns idosos não gostam de ouvir música; aerodromofobia, medo de viagens aéreas; octofobia, medo do número 8; triscaidecafobia é o medo do número 13; medo de ser enterrado vivo é taphephobia – esta sentimos fobia só em pensar; tacofobia ou tachofobia, medo de velocidade que, com certeza, não afeta os corredores de carro; cristãofobia, cristofobia ou cristianofobia, medo dos cristãos – é o mal daqueles que no início do Cristianismo e até os dias de hoje perseguem e matam os cristãos.

Fobias jocosas são as flatusfobias, medo que geralmente têm os idosos de soltar flatulências perto dos outros; falacrofobia é o medo de ficar careca, que ataca os homens. A obesofobia é medo de obesidade e leva os gordos a procurarem a cirurgia de redução do estômago, muito comum nos dias atuais.

Medos característicos dos idosos: logizomecanofobia, medo de computadores; tecnofobia, de celulares ou de qualquer inovação tecnológica; isolofobia, autofobia ou monofobia, medo da solidão ou de ficar só – muito comum nos que vivem isolados da família, em casas de repouso; ritifobia, medo de ficar enrugado, dos excessivamente vaidosos e que não aceitam envelhecer, apelam para os recursos da cirurgia plástica e os tratamentos de estética; tropofobia, medo de mudar a rotina ou mudar de casa – essa é uma das mais acentuadas da senilidade.

Fobias das crianças: de vacina – também de alguns adultos – é vacinofobia; taeniofobia ou testofobia, de testes ou provas escolares; nictofobia, aversão a ambientes escuros; oneirofobia, de sonhar. Conheço uma menina que não queria dormir por medo de ter pesadelos.

E o medo de gente? Parece impossível, mas existe. Muitos sofrem desse mal e não querem sair à noite ou ir a lugares movimentados com medo de serem surpreendidos por assaltantes, atualmente tão comuns nas grandes cidades. As pessoas se sentem vulneráveis e sem defesa, preferem se recolher dentro de casa. O medo de multidão pode ser ocasionado por experiência ruim do passado, como é o caso de um conhecido que, quando adolescente, estava com a família em um espetáculo circense e aconteceu uma tragédia: um incêndio que começou na lona de cobertura do circo e vitimou muitos espectadores. Em meio à correria para saírem pela única porta, os assistentes foram pisoteados, morreram queimados e outros foram hospitalizados com queimaduras diversas. Desde essa época, ele foge de aglomerações de pessoas. Na noite da passagem do ano, estávamos no mesmo apartamento na cidade do Rio de Janeiro e saímos para assistir, no calçadão da praia, ao belo espetáculo dos fogos de Reveillon, mas ele ficou dentro de casa assistindo pela televisão. Restou-lhe fobia a multidão, a demofobia ou agorafobia. O nome vem da Grécia antiga, em que ágora significa praça ou lugar aberto com público. Faz parte do medo de gente aquela aversão a falar em público. É a glossofobia. Sorte têm os desinibidos que falam para uma plateia como se estivessem em grupo de amigos, quase sempre treinados como palestrantes, são descontraídos e fazem brincadeiras para divertir o público.

É fobia a tantos objetos, pessoas ou situações que se torna ridículo pensar que alguém tem aversão a coisas colocadas do lado direito, do lado esquerdo ou atrás de si. Existe fobia a touros, a pessoas portadoras de deficiência física, a goma de mascar, a palhaços, a fantasmas, a cobras e marimbondos – muito justificável –, a abelhas, a igrejas, a madrastas, a bonecos ventríloquos, a formigas, a pagar mico diante dos outros – próprio de adolescentes –, a barba, a dinheiro, enfim, um número imenso de temores que tiram a tranquilidade das pessoas. Geralmente, as fobias resultam de traumas de infância, devem ser assumidas por quem sofre delas e podem ser tratadas por sessões de psicoterapia.

Os corruptos, os criminosos, os promotores das guerras, os raptores, os cristãofóbicos, os exterminadores de pessoas e de raças humanas ou de animais deveriam ser atacados por fobias como teofobia, medo de Deus; hamartofobia, medo de pecar e do castigo de Deus; satanofobia, medo do demônio ou satanás; estigiofobia, medo do inferno. Se pelo menos os malfeitores sofressem de uma dessas fobias, o mundo seria melhor, viveríamos em paz. Vamos nos abster de colocar a culpa na educação familiar, na sociedade, nos governos e voltemos ao início da criação humana. A grande culpada foi Eva e seu comparsa, Adão, que começaram a maldade no mundo e não sofriam de teofobia. Que pena!

12. viajando do lixo ao luxo

Vivi muitas experiências de viagem por gostar de correr o mundo. As primeiras viagens que conheci na infância foram ora a pé, ora a cavalo, indo de minha casa, no sítio em que nasci, até a vila mais próxima, onde frequentei o primeiro ano escolar. Andar a cavalo é a mesma coisa para qualquer cavaleiro, seja ele cavaleiro rico em cavalo de raça ou em cavalo lerdo, ou em burro e mulas de matuto. Tudo é igual. Têm-se que colocar um pé no estribo, dar um galeio para montar e colocar o outro pé no estribo do outro lado para depois segurar as rédeas, esporar a barriga do animal e seguir em frente. Não tem segredo, é só manter o equilíbrio sobre o arreio. Os animais de montaria têm várias velocidades e tipos de andar: o passo lento; a marcha, que é o mais agradável e ritmado; tem o trote, que balança mais e o galope, que é a corrida propriamente dita e muito excitante. O mais agradável é a marcha e o pior é o trote. Um cavalo que mais trota do que marcha é chamado trotão e ninguém gosta de cavalgar nele.

Após os 10 anos de idade, comecei a viajar de ônibus quando passei a estudar no ginásio da cidade grande. Eu vinha de casa a cavalo até a vila e ali embarcava no ônibus de modelo antigo, que hoje não se encontra mais. Eu tinha muito medo nessas viagens de ônibus, principalmente quando passava no local da estrada de nome Volta do Saci, uma curva no alto de um morro. Eu não tinha coragem de olhar do alto para o precipício e virava o rosto para o outro lado. O motor ficava na parte da frente, em uma elevação central e arredondada do ônibus, que era de cor azul clara; os assentos duplos com um corrimão sobre o encosto. Se um passageiro queria parar, dava um grito lá de trás ou podia puxar uma cordinha no alto das laterais e o motorista obedecia. Buzina forte, que era tocada antes das curvas da estrada de terra e antes de chegar à localidade, avisava de sua chegada à população. A viagem era curta, porém, para mim, criança, era longa demais, conforme o imaginário infantil que sempre supõe uma duração maior para um tempo menor.

Mais tarde, vivendo na cidade pequena, diversas vezes fui também de ônibus para outra cidade maior, distante mais ou menos 100 quilômetros da minha residência, com duração de cerca de três a quatro horas. Esse tipo de ônibus recebia o nome de Catajeca, um ônibus parador que pegava todos os passageiros que davam sinal com a mão na beira da estrada e parava uma infinidade de vezes para que os passageiros descessem. O motorista fazia o trabalho de trocador. Dos que entravam, ele recebia o valor da passagem e dava o troco. E todos ficavam esperando.

A viagem era uma diversão só. Via-se de tudo: um sinalizava para o ônibus parar e alguém embarcar ou montar, assim diziam. Uma mulher adentrava carregando linguiça mal embrulhada e cheirando forte. Outra dava sinal para o ônibus parar e gritava para o motorista, perguntando se a comadre tal estava embarcada. Adultos ou crianças vomitavam pelo corredor. Outra moradora de beira de estrada parava o ônibus para dar ao motorista uma galinha com os pés peiados e ele colocava ao lado do volante. A ave ia fazendo algazarra, como que chorando por estar impedida de sair. Quantas vezes a condução tinha que parar para as mulheres irem atrás do ônibus para urinar. O motorista era incumbido de levar recados e encomendas das comadres de todo tipo: era sacola de doce de coco, de doce de leite, biscoito, rosca, garrafa de leite, queijo, uma parafernália de comestíveis da roça, e algumas ele recebia de presente. O condutor se tornava amigo de todos e tinha a maior paciência e, como recompensa, recebia muitos agrados.

As passageiras às vezes esqueciam no ônibus sombrinhas, sacolas de roupas e no outro dia paravam o coletivo para recolher seus pertences. O compadre motorista guardava os objetos. Até leitão vivo os passageiros transportavam na viagem. Amarravam as patas do bacurim, punham dentro de um saco e o animal ia jogado no chão grunhindo: cuem, cuem, cuem... Tinha-se que ter ouvidos e paciência de Jó para suportar uma viagem de Catajeca. Era uma pândega!

Os anos foram passando e bem mais tarde, os carros particulares foram ficando populares e meu esposo, irmãos e pai, todos tínhamos os nossos. As viagens de Catajeca já não mais ocorriam. A cidade ganhou linha de ônibus urbano e linhas menores para as pequenas cidades próximas. Os ônibus se modernizaram e as cidades passaram a ter rodoviárias com venda de passagens, inicialmente tiradas no talão de bilhetes e, ultimamente, impressas pelo sistema informatizado das empresas.

Depois de anos, iniciei a fazer viagens de avião pelo Brasil e para o exterior. Um trâmite diferente das viagens de ônibus. O pior são as esperas no aeroporto, antes e depois do voo, mas para quem é aposentado e está quase parando, não há mais pressa. Tudo virou rotina: conferir saída do voo no painel de saídas e chegadas, ouvir avisos no alto-falante, fazer o check-in e enviar as malas e check-out, recolhendo as malas nas esteiras rolantes etc.

Ainda não tive a satisfação de viajar no luxo, conforme os filhos já o fizeram. Viajaram na classe executiva para os Emirados Árabes e lá fizeram conexão para a Coreia do Sul, num conforto inusitado para modestos profissionais da saúde, desde o preço do ticket caríssimo, em média sete vezes mais o valor de uma passagem na classe econômica. Adentrando no aeroporto, depois do check-in, foram encaminhados a uma sala especial, sala vip, aguardando a chamada para entrar na aeronave. A classe executiva viaja no segundo piso do avião, então subiram por uma escada com tapete denso de cor vermelha. No topo da escada, os passageiros são recebidos por uma comissária, que lhes tira o casaco, leva para guardá-lo e lhes devolve na saída. Para cada passageiro há uma cabine com cama confortável, mesa, cadeira, televisão, computador com internet etc. No final do corredor há uma sala de convivência mobiliada de sofás cômodos, um bar com as mais variadas bebidas e serviço de bordo completo, com quatro tipos de culinária à escolha do passageiro: comida francesa, italiana, americana e oriental. Embora a viagem seja longa, dizem que nem parece que se está voando. Os viajantes se sentiram autênticos executivos e relataram o luxo tamanho da aeronave, valendo a pena pagar a passagem somente para ir e voltar imediatamente. Nem se precisa sair do aeroporto.

Também me fizeram um relato minucioso dos alimentos que viram nos supermercados e restaurantes em Seul, capital da Coreia do Sul. Hábitos alimentares totalmente desconhecidos na cozinha do Ocidente. No supermercado viram as carnes e derivados. Havia um tubarão parecendo vivo, disposto numa bancada de gelo e, ao lado, uma vasilha com pedaços quadrados da carne crua do animal. Os clientes passavam, pegavam o petisco com palito e comiam. Viram um prato de polvos pequenos de tonalidade cor de rosa. Havia carne de boi e de cachorro. Todas dispostas em bandejas, limpas e picadas em pedaços. As carnes de cachorro eram de duas tonalidades de vermelho, conforme a raça do cão. Mais escuras, como a de boi, e mais claras. O preço da carne de cachorro é o dobro da de boi. É tida como uma iguaria de primeira qualidade. Ficaram estupefatos em ver uma bandeja de verme criado no couro do boi e outra bandeja de olhos de cachorro. Esses são ainda mais caros do que a carne dos cães e fazem parte da gastronomia de pessoas da classe alta. Trouxeram-me fotos desses alimentos.

Os sul-coreanos comem muitos frutos do mar, que nos restaurantes são servidos quase sempre crus. Os garçons trazem em um carrinho os mariscos vivos e em conchas para os clientes escolherem. Também passam ao lado das mesas um aquário com os peixes nadando. Os clientes escolhem o que querem comer, o garçom fisga o peixe, coloca numa assadeira no meio da mesa e, depois de assado, é colocado no prato dos fregueses.

Na Coreia do Sul a cultura é surpreendente. Embora de costumes e culinária bastante diferentes do que conhecemos no Ocidente, destaca-se pelo nível educacional da população, a polidez no trato com as pessoas, o respeito às tradições, aos anciãos e um alto desenvolvimento tecnológico bem avante da maioria dos países. O país possui o melhor sistema de saúde do mundo e a sabedoria milenar nas tradições coreanas é respeitada pelos mais jovens. Quase 100% da população coreana tem acesso à internet de banda larga.

É uma das culturas mais antigas do mundo e o país alcançou um alto nível de desenvolvimento desde meados do último século. É o resultado de um povo empreendedor e que tem tudo para ensinar ao mundo sobre viver bem, com sabedoria, trabalho e entretenimento.

Estar no Brasil e na Coreia do Sul é estar em dois pontos equidistantes do globo terrestre, e empreender uma viagem dessas por companhia aérea dos Emirados Árabes é uma aventura de luxo inusitada para nós, modestos brasileiros.

13. dura realidade de professora

A professora em foco formou-se pelo curso Normal no início da última década de 50. Assim que terminou os estudos foi trabalhar numa escola de zona rural distante cerca de seis quilômetros de um povoado do Noroeste Fluminense.

Escolinha pobre funcionando numa tulha só de tijolos, de paredes rachadas, piso de cimento desgastado e cheio de frestas. O mobiliário velho dispunha de carteiras duplas com bancos dobráveis e mesa tão arranhada e esburacada que, para escrever, os alunos precisavam colocar embaixo da folha um livro mais grosso para não furar o papel. O quadro de giz era desbotado e o escrito com giz era apagado com um pano velho. A sala era minúscula e a professora não conseguia passar entre as carteiras porque o espaço era estreito demais. Condições precárias de ensino, mas as crianças ali estavam para aprender a ler, escrever e fazer contas, enviadas por seus pais – estes quase todos analfabetos –, que vislumbravam um futuro melhor para os pequenos.

As aulas eram ministradas das 11 horas da manhã até às 15 horas. Horário adequado para os pequenos, que costumavam almoçar às 9 ou 10 horas da manhã. Quase todos os alunos caminhavam de longe. A maior parte vinha de uma localidade no alto da serra, onde havia um baixadão tipo vale sobre a montanha, e naquelas alturas viviam várias famílias. Essas crianças desciam a serra percorrendo uma distância aproximada de oito quilômetros até a escola. Vida dura para os alunos! Todos eram magros e de baixa estatura. Não havia merenda escolar e eles não levavam qualquer merenda para a hora do recreio.

Interessante lembrar que todos os alunos frequentavam a escola de uniforme e a maior parte ia descalça. Calçado era coisa de luxo. Estudar era símbolo de status na comunidade e uma grande novidade, pois a escolinha havia começado a funcionar no início dos últimos anos 50. A importância da escola era traduzida por vestirem uniforme, o que era também símbolo de status. Raramente os alunos iam ao povoado na companhia de suas mães, mas sempre que o faziam, estavam vestidos com o uniforme. A linguagem era tão deturpada que eles denominavam o uniforme de liforme.

A primeira professora trabalhou naquela escolinha de roça por oito anos. Conforme o perfil dos professores da época, era extremamente brava. A disciplina rígida e castigos andavam soltos. Os castigos variavam de ficar em pé virado para a parede ao copiar uma frase com os dizeres: "Devo estudar para a prova e me comportar em sala de aula". Variava a frase de acordo com a desobediência e tinha que ser copiada 100 ou 500 vezes. Naquele tempo, os castigos de ficar ajoelhado sobre caroços de milho estavam extintos, mas os puxões de orelha e reguadas continuavam. No dia de fazer a revisão da prova, a professora chamava cada um à mesa, ela assentada e o aluno em pé, ao lado, e era um forte puxão de orelha por cada erro. Verdadeiro terror para as humildes crianças que, se não enchiam os olhos d'água, choravam compulsivamente. Essa era a professora boa que ganhava fama pela região.

Como tudo passa e só Deus permanece, a professora finalizou seus dias naquela escolinha e se mudou para Niterói. Fez concurso de remoção e conseguiu uma vaga no Instituto de Educação, instituição importante da cidade. Foi-lhe destinada uma classe de 3ª série primária, dos piores alunos, que chamamos no magistério de restolho. O choque com a indisciplina dos alunos foi imenso. Eu diria que não foi um banho de água fria, foi um banho de água gelada. Ela não conseguia ser ouvida por eles. Entrava na sala e eles estavam correndo pra lá e pra cá, numa algazarra terrível. Ela gritava, batia na mesa e eles nem olhavam para ela, como se ali não houvesse ninguém. Sentindo-se completamente incapaz, teve um drama interior: de crianças da roça, muito obedientes e humildes, ter que enfrentar alunos endiabrados daquele jeito, não podia continuar insistindo. Em prantos, refugiou-se no gabinete da diretora sentindo-se totalmente frustrada e incapaz. Entrou em depressão, chorava incessantemente e foi ao médico, que lhe concedeu uma licença de 30 dias, durante os quais ficou afastada tomando medicamentos.

Retornando da licença, a diretora teve misericórdia dela e lhe deu a função de responsável pela Caixa Escolar. E como professora extraclasse, continuou o exercício profissional no Instituto até se aposentar.

No ano seguinte ao afastamento da sala de aula, a professora cursou Licenciatura em Geografia na Universidade Federal Fluminense, prestou concurso para o magistério estadual e começou a docência no curso científico. Alunos jovens, respeitadores e com vontade de aprender. Posteriormente, foi professora da universidade, cargo que exerceu regularmente até a aposentadoria.

14. mazelas da enchente

Catástrofes da natureza. Como o planeta Terra as tem! São tantos países assolados por diversos fenômenos que aqui no Brasil nos vangloriamos por termos tão poucos. Há casos de vulcões extintos que surpreendem a população com novas erupções: na Itália, o vulcão Vesúvio destruiu, há mais de três séculos, a cidade de Pompeia, com 20.000 habitantes. Havia quase um milênio que o Vesúvio estava adormecido.

Em Portugal, o terremoto de 1755 chegou acompanhado por tsunami e maremoto, assolou a cidade de Lisboa e consta como a maior tragédia ocorrida naquela cidade.

No México são vários vulcões, alguns ativos, outros em extinção; os terremotos são temidos e as construções mais recentes são antissísmicas.

Na América do Sul, o Chile tem uma diversidade de vulcões maiores e menores e o país mantém vigilância constante para prever as erupções. A Cordilheira dos Andes é ponto vulnerável para vulcões. Nela destaco o Aconcágua, no pico mais alto da América do Sul, na divisa do Chile com a Argentina, o que apresenta um belo espetáculo quando se atravessa de carro ou ônibus a Cordilheira entre esses dois países.

Um equatoriano me disse que a cidade de Quito, capital do Equador, sofre abalos sísmicos quase todos os dias. A população nem se incomoda mais. Atualmente, os países dispõem de equipamentos capazes de prever essas intempéries da natureza.

Vejamos na Ásia: nos países do sul desse continente, nos insulares desde o Japão até a Austrália, quantos maremotos e terremotos! Os tsunamis são comuns e terremotos destroem cidades e populações, causando mortes e destruindo casas, edifícios e templos, como a que recentemente vimos no Nepal e que se estendeu aos países vizinhos.

As ilhas do Caribe e o centro sul dos Estados Unidos estão frequentemente sendo atingidos por furacões. Os Estados Unidos sofrem frequentemente com os tornados.

Na África essas intempéries naturais são menores, porém há desertos, sendo o maior o Saara e, no norte do Chile, o deserto de Atacama. Ambos ocupam um território imenso, logicamente desabitado, e outros menores, dispersos por outros países, onde a temperatura é elevadíssima.

No norte do continente asiático, na península da Escandinávia, no território americano do Alasca, na ilha da Groenlândia, nos polos, o gelo cobre a face da terra. O globo terrestre comporta os extremos, desde zonas tórridas dos desertos, da linha do Equador, aos lugares inabitáveis cobertos pelo gelo.

Conforme um dito popular, o Brasil tem um povo abençoado e Deus é brasileiro. O Criador nos beneficiou com uma terra sem desertos, vulcões, maremotos e terremotos. Se bem que a seca nordestina é antiga e assola também outros estados brasileiros. Ultimamente, já ocorreram tornados no sul do país e algumas chuvas torrenciais acontecem em diversas regiões, causando cheias dos rios, inundando cidades, destruindo casas e regiões do campo. As cheias são mais frequentes no rio Amazonas, no estado do Rio de Janeiro, nas regiões serranas, e não escolhe lugar, chegando de surpresa, causando danos às cidades, ao campo e a seus habitantes.

Assisti a algumas enchentes que inundaram minha cidade. Algumas intensas e outras menores, sempre iniciadas por chuvas fortes e duradouras, que fazem transbordar a água do rio que corta a cidade, enche a avenida e ruas laterais, expulsa os moradores de suas residências e comerciantes de seus estabelecimentos. Em poucas horas de tromba d'água – assim são chamadas as chuvas pesadas – começa a inundação. Algumas vezes, as cheias ocorrem porque chove intensamente na cabeceira dos rios e as águas descem ocupando as margens e terras baixas.

As pessoas vítimas das cheias quase sempre são as mais carentes. Veem subir a água trazendo detritos de lixo, fezes, cobras d'agua, lacraias e toda espécie de imundície dos esgotos, tudo circulando pelo rodamoinho das águas cor de barro. Os móveis das casas são suspensos ou levados para o segundo piso, se ele existe. Aparecem barcos transportando pessoas expulsas de suas casas, voluntários ajudando vizinhos e quem quer que seja para socorrer os seus pertences ou pessoas desabrigadas. Após a baixa da enchente, resta um mau cheiro de mofo e podridão dentro das casas, e alguns, que colocaram seus pés na água, aparecem com febre tifoide, leptospirose etc.

Depois de certos casos de tragédias, costumam surgir piadas tristes ou jocosas, troças de todo jeito. Num dos quadros das enchentes a que assisti, duas mulheres solteiras, para não dizer octogenárias e solteironas, mudaram-se da cidade grande para o interior a fim de terminar seus dias ao lado da família. Passaram a viver perto de uma irmã viúva e escolheram uma casa baixa suscetível às enchentes. As duas solteironas, apesar da idade, eram conhecidas na família como as Meninas. Aconteceu a primeira inundação. As Meninas desapareceram de casa. A irmã viúva, que vivia no segundo piso, desceu as escadas e caminhando em meio ao aguaceiro imundo que corria pela rua, começou a chorar e só repetia uma frase:

— As Meninas sumiram!

E andava pra lá e pra cá, soluçando desesperada com o sumiço das Meninas. Não explicava nada e repetia sempre o mesmo. Um vizinho, senhor muito solícito, estava ajudando os vizinhos a retirarem os móveis e prestando socorro de todo tipo, encontrou a mulher viúva, que vagava na enchente, e a tranquilizou:

— Senhora, fique tranquila que eu vou achar as meninas!

Ele correu de casa em casa, procurando as garotas e nada de encontrá-las. Voltou desolado e pediu melhores explicações sobre quem eram as meninas, que idade deviam ter e, que surpresa: eram duas velhinhas que ele encontrou na casa de outro vizinho! Desfeito o equívoco, o socorrista carregou as duas velhinhas no colo e deixou-as com a irmã.

15. longevidade

Longevo é toda pessoa que vive muito. Lógico que longevidade é a qualidade do longevo. Será que vale a pena viver muito?

Frequentemente, conversamos com alguém que diz que não quer morrer cedo, no entanto não quer ficar em cima da cama dando trabalho à família. Porém, isso não é questão de querer ou não. Muitas situações de saúde ou doença não dependem de nós, embora nos esforcemos cuidando do corpo, da mente, com alimentação saudável, cuidados médicos, exercícios físicos, trabalho manual, intelectual e uma infinidade de recursos que nos recomendam para assegurar vida saudável e longa.

De minha família, houve uma prole de dois filhos e seis filhas. Todos sadios, gozando de boa saúde, exceto uma das mulheres, sempre doente. Desde criança era achacada por todas as doenças. Fisicamente franzina, magra e sempre debilitada por coqueluche, caxumba, sarampo; vivia gripada e com febre, aparecia frequentemente com pneumonia. Naquele tempo não havia médico especialista, apenas o generalista, que atendia em casa e era constantemente chamado para receitar para a jovem. E os remédios manipulados em farmácia conseguiam curar a paciente. Assunto corrente na família: Quezinha – era o nome da jovem – estava fadada a não viver muito.

Todos os oito filhos se casaram e, enquanto noiva, o pai de Quezinha advertiu o pretendente de que a moça estava sempre doente. O jovem não se importou e o casamento aconteceu. Ela, dentre todas as irmãs, foi premiada com o melhor dos esposos. Grande fazendeiro e de família distinta, viveram felizes e não se sabe se pela debilidade dela, criou apenas um filho. O casal passou a ser referência de equilíbrio e vida feliz para a família.

Os anos e décadas se passaram e, pela ordem natural da vida, os irmãos, cunhados e cunhadas foram falecendo gradativamente. E Quezinha continuava mais viva do que nunca. Perdeu o filho e o marido e lhe restaram quatro netos, bisnetos e tataranetos. Finalmente, não havia nenhum parente vivo de sua geração e ela, lúcida, foi acolhida por um neto. Depois dos 100 anos começou a perda da memória. Faleceu aos 104 anos, desafiando as previsões familiares e médicas. Eu, particularmente, considero até falta de educação ultrapassar um século de vida, ou seja, tornar-se um centenário!

Caso similar aconteceu com uma conhecida idosa de minha irmã. Depois que se casou, foi morar na fazenda do esposo. Professora da escolinha sediada ao lado de casa e zeladora da capelinha da comunidade, fez extensa amizade com a população rural. As famílias dos alunos tornaram-se amigas da professora e iam sempre à escola para reuniões, festa junina, dia da criança, aniversários, forrós na sala de aula, festinhas de primeira Comunhão das crianças, e participavam das missas e celebrações na capela. As mães, comadres da professora, visitavam-se com frequência nos domingos à tarde.

Dentre as vizinhas, havia uma senhora com 101 anos, dona Chiquita, bisavó de uma criançada da escola e que vivia sozinha em sua casa cercada de plantações, criava porcos, galinhas e uma vaquinha da qual ela mesma tirava o leite e fazia queijo para presentear as visitas. A velhinha cuidava da casa, cozinhava, mantinha o terreiro sempre varrido e andava a pé pra todo lugar. Não faltava aos forrós na escolinha e, enquanto tocava a sanfona, rodopiava pela sala, tirando as comadres e todos os dançarinos para uma parte na dança. Era alvo de comentário na comunidade e incomodava os filhos, que não queriam vê-la vivendo só. Mas como os demais idosos, a velhinha resistia aos convites dos filhos em ir para a casa deles e insistia em viver sozinha na casinha dela.

Certo dia, a professora foi visitá-la e encontrou-a carregando água num balde velho, do poço até a cozinha. Conversa vai, conversa vem, a professora lhe fez a pergunta chave para tanta saúde:

— Dona Chiquita, o que a senhora faz para ter tanta saúde, essa força, carregando um balde d'água, tirando leite, tratando dos porcos, fazendo tudo sozinha na sua idade?

Sem pestanejar, ela respondeu:

— Ah minha fia, eu acho que é porque todo dia, antes do armoço, eu bebo uma biritinha!

A velhinha se levantou do banquinho, mostrou a caneca descascada na qual ela bebia a cachacinha e deu uma boa gargalhada. Apanhou do lado do fogão um cigarro de palha enrolado com fumo de rolo, acendeu na brasa do fogão a lenha e começou a pitar. O diálogo continuou e a professora disse:

— Mas a senhora já passou muita tristeza, já perdeu filho, netos e bisnetos, e continua alegre assim?

Dona Chiquita ficou séria – naturalmente se lembrando das tristezas pelas quais havia passado – e respondeu:

— É professora, eu chorei muito na vida, mais tamém já dei muita gargaiada!

E ria feliz, mostrando a boca desdentada!

16. de mucamas a diaristas

O desenvolvimento social se faz em todos os aspectos. Se voltarmos o olhar para a sociedade primitiva, veremos que o homem vivia totalmente dependente da natureza. Conforme o filósofo Aristóteles na Grécia antiga afirmava, o homem é um ser social e procura os demais para formar grupos e não viver isolado. As sociedades se constituíram e dentro delas foram criadas as classes sociais. Nelas preponderavam os homens, que ocupavam as funções de mando, e as mulheres de obediência. Desse modo, em todos os regimes políticos, a sociedade evoluiu até os nossos dias. Como exemplo, cito o livro mais lido do mundo, a Bíblia Sagrada, em que o papel da mulher sempre servil tem menor importância. A ela foram atribuídas as funções de esposa, mãe e dona de casa. Ao homem, o trabalho externo como provedor do lar e participante da sociedade, dos negócios e da política.

Embora, atualmente, a mulher esteja lutando pelo direito de igualdade de gênero, de participação no trabalho, de projeção na política e na sociedade, a humanidade como um todo permanece machista e privilegiando o sexo masculino. Nos países em que a mulher conseguiu direitos, seus salários ainda são menores do que o dos homens. Tem sido uma luta de conquistas alcançadas por movimentos feministas que estão mais em evidência nos países de regime capitalista.

Reavaliando a posição da mulher submissa, discorro sobre os relatos de minha avó, que viveu no tempo dos escravos e era criança na década de 1870. Os escravos, comprados pelos brancos em leilões na praça, eram vendidos como mercadoria e viviam em senzalas próximas à casa grande dos senhores. Nessa posição ínfima de escravos, as mulheres ocupavam um espaço menor do que o dos homens. O valor de compra das escravas no mercado era menor do que o dos escravos. Algumas trabalhavam junto aos homens nas plantações e outras, escolhidas pela senhora, prestavam serviço doméstico na casa grande dos senhores. No trabalho dentro da casa, comandadas por suas senhoras, além de cozinhar, lavar e passar a roupa de todos, fazer a limpeza da casa, elas cuidavam das crianças. Eram negras de estimação, que também serviam para acompanhar e vigiar as sinhás-moças e senhoras quando saíam de casa.

Nas casas e fazendas dos senhores mais ricos, as mucamas costuravam e bordavam as roupas das mulheres e as ajudavam a se vestir. Cada filha tinha a sua mucama. Elas eram alvo dos maus tratos das pequenas mal-educadas e recebiam socos, beliscões e chutes. E tinham que sofrer tais humilhações no silêncio porque, se reclamavam, recebiam castigos, podiam ir para o tronco e receberem chibatadas dos feitores. Os sofrimentos das escravas era desumano, embora considerado natural nas culturas escravagistas.

Com a libertação dos escravos, a situação das mulheres, principalmente das negras, antigas escravas, mudou. Os pais não tinham como alimentar as meninas que faziam parte de grande prole. Elas eram doadas para serem criadas nas casas de pessoas de mais recursos e, tidas como filhas adotivas, ensinadas para cuidar de todo o trabalho doméstico da mesma forma que na escravidão. Sem salário e responsáveis pelos serviços da casa, podiam se casar, constituir família e, dessa maneira, livravam-se do regime de trabalho dos pais adotivos. Com o passar do tempo, essa condição de filhas adotivas evoluiu, e as meninas ou moças, antes adotadas, passaram a trabalhar nas casas de família na condição de domésticas, com salário baixo e nenhum direito trabalhista.

Atualmente, com reivindicações das entidades de classe, as domésticas, em sua minoria, recebem o salário básico da categoria, têm regulamentação da carga horária de trabalho, de férias, de décimo terceiro salário, fundo de garantia e direitos garantidos pela Constituição Federal do Brasil. Outros direitos têm sido votados para que gozem plenamente dos benefícios a que fazem jus, igualando-as aos demais trabalhadores urbanos e rurais. Esses novos direitos geram discussão e promovem debates e dissenções que repercutem nas classes dominantes de lógica escravagista ainda vigentes no país.

Nas maiores cidades do Brasil e nos países mais desenvolvidos, raramente existem domésticas como as citadas acima. O trabalho da faxina nas casas de família é feito por diaristas, que comparecem um, dois ou três dias por semana e realizam o serviço necessário nas residências, com jornada diária determinada por lei. Há países em que as diaristas chegam às casas, para realizar o serviço, em seus carros próprios. Nesses locais, a concepção reinante é a de que cada família é responsável pelo serviço do lar, que é dividido entre os pais e filhos e, dessa forma, não sobrecarrega ninguém. Lembrando que a indústria de eletrodomésticos facilitou muito as tarefas rotineiras de uma casa de família. Hoje, são máquinas de lavar roupa, de lavar louça, secadoras, aspiradores de pó, sanduicheiras, incluindo a indústria de alimentos prontos nos supermercados, comida a quilo com bom cardápio e ótimos restaurantes.

17. esquecimento

Não dá pra esquecer o que é esquecimento. Falta de atenção, distração, irresponsabilidade, fraqueza de memória, cabeça cheia, pressa, maluquice, caduquice, velhice, Alzheimer e mil desculpas para o atordoador esquecimento. Quem se atreve a dizer que nunca esqueceu nada? Deve ser um superdotado! O fato é que esquecer está comum em pessoas de qualquer idade e os idosos tornam-se menos culpados se os adultos, nessa vida apressada, nesse corre-corre da modernidade, vivem a se esquecer de algo.

Distração e, consequentemente, esquecimento, é comum em crianças. Um menino, o mais distraído que conheci, perdia lápis, borracha e material escolar como jamais vi. Depois de adolescente, as chaves da casa passaram a ser suas maiores vítimas. A mãe não deixava a porta da frente da casa aberta e cada membro da família tinha a sua chave colocada cuidadosamente num chaveiro. O menino perdia todas as chaves que lhe eram entregues. Ia depois da classe para a casa dos amigos e voltava batendo na campainha porque tinha esquecido a chave e não sabia onde. A mãe ralhava todas as vezes e o esquecido não se emendava.

Depois de adulto perdia não só as chaves, mas coisas de responsabilidade. Ao abrir a porta do carro, com a mão cheia de objetos, colocou a carteira de documentos recheada de dinheiro em cima do carro e zarpou. O atento porteiro do prédio encontrou a carteira e a devolveu ao seu apartamento. Outro dia deixou a pasta de executivo do lado de fora na calçada do prédio e acelerou o carro. Não perdia a cabeça porque estava agarrada ao corpo. E continua se esquecendo. De tanto ser chamado de sem atenção pela mãe, restou-lhe um complexo que poderá acabar se a mente trabalhar em função de se lembrar do necessário.

A mim também não me escapam alguns esquecimentos. Tenho uma justificativa séria: estou aposentada e septuagenária e a vida tem certas armadilhas que nos deixam de cuca fundida. Passei por um impasse preocupante com a perda do meu molho de chaves. Ora veja, leitor: eu coloco uma coleção de chaves num mesmo chaveiro justamente para que seja grande, pesado e barulhento e eu não o deixe em qualquer lugar. Nele estão as três chaves do meu apartamento, do escaninho da correspondência, do apartamento das minhas irmãs desta cidade e da cidade grande, das casas dos filhos e do trabalho da filha.

Fui ao apartamento de minha irmã, usei a chave para abrir a porta e, como sempre, na saída, ela abriu a porta para mim com aquele gesto de gentileza e agradecimento pela visita. Passei no caixa eletrônico do banco, na padaria e no supermercado. Chegando a casa, procurei o chaveiro na bolsa e nada. Coloquei as bolsas do supermercado no tapete de entrada, procurei mais detalhadamente e estaria sem poder entrar se não tivesse uma chave sobressalente no cantinho da carteira. Peguei logo o telefone e liguei para a irmã. Ela não encontrou e me cobrou a sombrinha que disse haver esquecido no meu apartamento. Demos boas gargalhadas a distância. Cada cabeça pior do que a outra! Fiquei curiosa com o desaparecimento do chaveiro, não cedi à ironia do fato e nem guardei as compras. Saí direto e refiz os lugares por onde havia passado, mas ninguém me restituiu as abençoadas chaves. Ó céus, que armadilha me engendrou o esquecimento!

Passei aquela noite preocupada, buscando na memória mil situações que poderiam ter acontecido naquela saída e que me proporcionassem achar o chaveiro. No outro dia, minha irmã me chama ao telefone:

— Sorria, encontrei o seu molho de chaves! Estava pendurado no claviculário!

Eu, muito contente, respondi:

— Ah! Que alívio! Finalmente, acabou o meu pesadelo! Achei que eu estava ficando é doida! Mas... irmã, o que é claviculário? Onde você achou essa palavra tão complicada?

Ela riu e em seguida me respondeu:

— Ô, sua caipira, é o porta-chaves que tenho pendurado na cozinha!

À tardinha, minha irmã chegou a minha casa e trouxe o chorado chaveiro. Conversamos, contamos nossas histórias, rimos bastante, fizemos um bom lanche e à noitinha fomos à igreja. Despedimo-nos na saída da missa e cada uma seguiu seu rumo. Tudo certinho até que, ao entrar no apartamento, o telefone tocou. Era ela ligando da casa do vizinho e dizendo que deixou o chaveiro em meu apartamento. E muito aborrecida me disse:

— Por que diachos a cabeça não funciona direito?

Encontrei as chaves dela e peguei também a sombrinha que ela havia esquecido e levei os dois objetos naquela hora da noite ou, do contrário, ela não poderia entrar no apartamento. Ao chegar, fui dizendo:

— É, irmã, o alemão do esquecimento atacou nossa cabeça, e o nosso placar está dois pra você e um pra mim. O geriatra que nos aguarde!

E continuei com a minha velha filosofia:

— A lição me serviu pelo menos para fixar em minha mente o que é claviculário!

Mais tarde, um velho amigo, autor de livros, que uma vez ou outra me visita, usou esse termo em seus escritos: claviculário – para eu não mais esquecer!

18. dotes físicos

Todos nós nascemos portando determinados dotes físicos. Há pessoas tão belas que são alvo de elogios onde quer que se encontrem. E que infelicidade ter nascido desprovido de suficiente beleza para agradar a nós próprios na frente do espelho e às pessoas que nos lançam um olhar de reprovação! Às vezes me pergunto se temos mérito por termos nascido bonitos ou demérito por termos nascido feios.

Sempre que se toca no assunto de beleza nos reportamos imediatamente à beleza física. Se passamos por alguém na rua ou nos encontramos pela primeira vez com uma mulher, imediatamente avaliamos o físico. Observamos se é baixa ou alta, gorda ou magra, loira ou morena, com ou sem barriga, cabelo longo ou curto, seios grandes ou pequenos, pernas grossas ou finas e até a compleição do bumbum nós olhamos. Com a convivência é que vamos conhecer as qualidades interiores, se nos agradam ou não. O culto à beleza sempre foi uma preocupação de todas as pessoas, desde a era antiga à mais moderna, em todas as sociedades e condições sociais. Sentir que somos bonitos faz bem aos próprios olhos, ao ego e aos olhos das pessoas. Confere-nos status em qualquer extrato social.

Sendo professora de Filosofia e com a obrigação de ser pensadora sobre as situações do dia a dia, abordamos o tema e levamos os alunos a refletirem sobre os atributos de que somos portadores desde que viemos ao mundo ou alguns que adquirimos no correr da vida. Existem pessoas que têm toda a beleza física: rosto, cabelo, corpo, estatura e ainda agregam empatia. Vejamos os artistas que são selecionados para atrair o olhar da mídia. Diz-se que nasceram privilegiados e são alvo de elogios, como se para isso tivessem feito esforço e fossem dignos do mérito que lhes atribuímos.

Temos que considerar a posição cultural, econômica e social ligada à beleza, elegância e charme, formando um conjunto de atributos pessoais que mais fortalecem a projeção da pessoa na vida privada e na sociedade. Enfim, a lógica do sucesso é essa: é preciso ser bonito, atraente, ter poder de comunicação, desenvoltura e bom humor para obter mais sucesso onde quer que estejamos.

Como ficam os menos dotados, aqueles de rosto feio, baixa estatura, cabelo feio, corpo disforme e tímidos? Será que ouvem críticas ou têm culpa por não serem superdotados de atributos? O assunto merece reflexão, pois esses pouco dotados podem conquistar virtudes com as quais sobressaiam tanto na profissão como na sociedade. É uma barreira intransponível para muitos e possível para outros, que enfrentam desafios e conseguem conquistar respeito e admiração no ambiente profissional e social.

Destaco uma eminente personagem da Justiça, que possuía um nariz desproporcional ao rosto. Quem a olhasse de imediato levaria um susto. Tinha o nariz que chamamos de nariz de gavião, grande e imensamente curvado em contraposição ao rosto pequeno, e a pele marcada por sulcos profundos. Motivo de troças de seus subordinados. Diziam que onde ela entrava, o nariz chegava primeiro. Uma de suas colegas de trabalho, certa vez lhe perguntou:

– Fulana, por que você não se submete a uma cirurgia plástica de nariz?

Ela abaixou a cabeça e passou carinhosamente a mão no nariz e disse:

– Ah! Eu gosto tanto do meu nariz!

O filho de uma amiga, formado engenheiro, conseguiu uma bolsa de estudos de pós-graduação e foi morar na Bélgica. Por lá arranjou um ótimo emprego e conheceu uma colega de trabalho, com quem se casou. Tempos depois, ele comunicou à mãe aqui no Brasil que ia ser pai. Quando a criança nasceu, a mãe estava presente e, muito surpresa, viu a alegria da família com o bebê de olhos negros como os do pai. A criança foi visitada por diversas pessoas e, na maternidade, chegavam a fazer fila para, um a um, verem o menino de olhos negros. Um atributo herdado da família paterna e tão corriqueiro no Brasil, mas surpreendente em terra onde todos os habitantes são loiros de olhos azuis.

De minha juventude, tenho uma lembrança da fala de meu pai no momento em que ouvia as moças comentarem sobre os rapazes que haviam conhecido nos bailes do último fim de semana. Elas diziam:

— Conheci fulano. Ele é lindo, é um tipão!

Meu pai advertia seriamente:

— Beleza não põe mesa, filhas!

E minha mãe retrucava:

— Mas ajuda muito e a primeira impressão é a que fica!

Ele voltava com seu conselho paterno:

— Sim, mas tem que conhecer primeiro o caráter do rapaz porque os canalhas costumam ter boa aparência e as aparências enganam!

19. tudo por amor

Dar a vida pelo ser amado é a maior prova de amor que alguém pode fazer. Nós, cristãos, sabemos que Deus Pai amou tanto o mundo que deu Seu Filho Unigênito para sofrer o martírio da crucificação e morrer para nos salvar. É a maior prova de amor que um pai ou uma mãe pode dar ao filho que tanto ama. Na história da Igreja, quantos mártires deram a vida por testemunharem sobre Jesus diante dos homens!

Depois de Jesus Cristo, o primeiro mártir foi Estevão, que morreu apedrejado pelos incrédulos e, enquanto morria, contemplava o céu aberto, fato narrado no livro dos Atos dos Apóstolos do Novo Testamento. Quase todos os apóstolos sofreram martírio. Uns foram degolados, outros crucificados, como Pedro e Paulo. E que belo testemunho de Pedro que, na hora de sua morte, pediu para ser crucificado de cabeça para baixo, pois não se sentia digno de morrer como seu Mestre!

E quantos mártires do Cristianismo a história da Igreja registra! Desde o Coliseu romano, onde os fiéis eram devorados pelos leões, e ao longo dos séculos, tantos cristãos são perseguidos e mortos por praticarem a religião. Até o presente acontecem assassinatos de cristãos em países onde impera o fundamentalismo religioso, regimes políticos ditatoriais ou pagãos. A tolerância religiosa ainda está longe de existir na história da humanidade. Enquanto não houver paz entre as nações e o respeito ao credo religioso de outras pessoas, os martírios por amor a Deus continuarão a acontecer.

Entre os animais, o sacrifício por amor também existe. Esse fato aconteceu numa excursão, em acampamento feito na Cordilheira dos Andes por um grupo de amigos turistas. Levaram as barracas munidas de sacos de dormir, mochilas de roupas, luvas, gorros, alimentos, cantil com água, tudo que precisavam para a aventura, e demoraram um dia para subir a montanha, cuja altura era de 2.800m. No início, a carga estava leve, mas no final da caminhada, montanha acima, parecia que tinham pedras sobre seus ombros. À tardinha, alcançaram o lado sul da Quebrada de los Condoritos, montanhas de pedras partidas em duas, formando um abismo na quebrada de mais ou menos 600m. Armaram as barracas ao pé da famosa Quebrada. Uma paisagem inédita aos olhos de brasileiros amantes das alturas. Nem puderam apreciar melhor a paisagem, pois a noite chegava e a temperatura prevista era de 12 graus abaixo de zero. Comeram e foram dormir enrolados nos sacos. Pela manhã, aqueceram-se tomando um café e comeram algo para iniciar o reconhecimento da área. Prostraram-se na frente de uma paisagem fantástica, como é toda aurora vista das montanhas. Um paredão os reteve na frente do abismo de pedras que se tingia de um brilho prateado dos primeiros raios do sol batendo sobre o gelo da montanha.

Ao escutarem um ruído vindo do abismo de pedras, localizaram o ponto de partida para o voo matinal dos condores. O condor, chamado pelos chilenos de O rei dos Andes, diferente das outras aves, não alçam voo de asas abertas. Atiram-se do alto do abismo com as asas coladas ao corpo e lá embaixo as abrem fazendo rodeios, aproveitando a corrente de vento, que é constante naquelas alturas. Vários condores voavam com a cabeça virada para baixo, sobrevoando as barracas, e os turistas parecendo papagaios a olharem os estranhos invasores de seu território. Como alpinistas experientes, os jovens ainda não conheciam o modus vivendi dessas aves. De volta a casa e curiosos para saberem um pouco mais sobre os condores, tiveram diversas informações.

O condor de asas abertas mede cerca de dois metros e meio de uma ponta da asa a outra e seu voo é um leve movimento. Na extremidade das asas, há uma espécie de dedos, que parecem garras. Sempre foi tido como ave real e respeitado pelos índios que habitavam a região montanhosa dos Andes. Alguns índios ainda hoje trazem uma pena de condor em suas cabeças como símbolo de força e superioridade. A figura do condor era colocada nas sepulturas reais dos incas, dos astecas e maias, e continua a ser um símbolo nacional do Chile. A beleza do animal é indescritível – especialmente quando está voando – e todos os costumes dele são surpreendentes. É uma ave monogâmica, só se acasalando com uma parceira. O macho dá a vida por amor. A fidelidade dele supera a de qualquer ser vivente. Quando a companheira morre, ele se suicida. Atira-se abismo abaixo e fecha as asas, até estatelar-se nas pedreiras do fundo do vale.

Uma ave que também nos dá exemplo de amor materno é o pelicano. É um pássaro mais adequado ao habitat aquático e, ao caminhar em terra firme, tem passo trôpego e o corpo desengonçado. Tem um pescoço longo com um reservatório, tipo bolsa de reserva, para guardar a comida. Voando e nadando, ele é belíssimo. O pelicano é uma ave de grande porte; de altura que chega a 1,5 metros. O macho pesa de nove a 15 kg e a fêmea é menos pesada. Com as asas abertas tem a extensão de três metros. Possui quatro dedos ligados por uma membrana, que facilita o deslocamento rápido na água. Três dedos são virados para a dianteira e um voltado para a lateral, e nada em qualquer direção. Alimenta-se de peixes e crustáceos armazenados na bolsa localizada no bico, servindo de reserva para alimentação posterior. A fêmea choca os ovos de 28 a 30 dias e alimenta os filhotes regurgitando os alimentos armazenados na bolsa. São mais encontrados nas orlas dos lagos e pântanos na Ásia, África e Europa. Fazem pesca coletiva, colaborando com os companheiros num gesto de ajuda mútua. As mães pelicanos, desde a era medieval, tornaram-se famosas pelos extremos cuidados com suas crias. Se as reservas alimentares que trazem na bolsa ficam esgotadas, elas picam sua carne e sugam o próprio sangue para alimentar seus rebentos. Pelo instinto de doação amorosa aos filhotes, com esse gesto as aves tornaram-se, para os cristãos, um emblema da Eucaristia e da paixão de Cristo.

Instinto materno extraordinário é o da stegogyphus lineatus, espécie de aranha que dá a vida para a sobrevivência dos filhos. Depois de dias após o acasalamento, a fêmea produz uma bolsa com ovos (em média uma dezena a uma centena) e, depois de um mês, a prole é libertada pela mãe, com a abertura da bolsa. Durante as duas primeiras semanas, os filhotes recebem um líquido regurgitado pela mãe que os fortalece. Para dar continuidade à sobrevivência da cria, a aranha mãe prostra-se junto às pequenas aranhas e deixa que elas lhe injetem no corpo um líquido que deteriora sua carne. Segue-se um autêntico ritual de doação da mãe, que é devorada viva pela própria cria. Com o corpo totalmente destroçado, resta apenas a casca da mãe, que deu sua carne e permitiu aos filhotes estarem fortes para enfrentarem as condições adversas da iniciante aventura de viver.

Dizem que, por instinto materno, todas as mães preservam, superprotegem ou dão a vida por seus rebentos. Mas como nem tudo funciona como regra, existem as exceções: as emas encontradas em regiões do Brasil. Um macho se acasala com diversas fêmeas. Fecundadas, elas põem os ovos, chocando cerca de quarenta filhotes, e abandonam o ninho sob os cuidados do papai solitário. E saem à procura de novo acasalamento. Diríamos que essas são as mães desnaturadas, que nunca mais querem saber de seus filhos, e os machos são os pais-mães que os assumem, alimentando-os até aprenderem a sobreviver por si mesmos.

Por extremo amor, as mães dos jacarés que vivem no pantanal brasileiro são dedicadíssimas. Os ovos são depositados pela fêmea numa toca e elas passam três meses ao lado, vigiando a incubação. A quebradura da casca pelos filhotes é um trabalho cansativo e eles nascem frágeis. Em seguida, a mãe leva um a um pela boca para depositá-los na água de uma poça mais próxima protegendo-os dos predadores que possam aparecer. Ela permanece em vigília ao lado da poça, porque seu ofício de mãe protetora ainda não terminou. Chega a estação da seca e a água começa a secar. A mãe jacaré segue o seu ritual e transporta novamente todos os jacarezinhos na boca para um lago maior. No caminho de resgate, os pequenos se rebelam, a mãe para e os reconduz de novo e, finalmente, assegura-se de que todos estão salvos. Interessante que a maioria dos filhotes pertencem a outras mães.

Como as aranhas, o polvo gigante, encontrado no oceano Pacífico, também protege sua prole até dar a vida por elas. A fêmea fecundada deposita centenas de ovos numa toca e permanece junto deles, acariciando-os com seus tentáculos, expulsando as algas que aderem aos ovos e jogando água sobre eles para favorecer a oxigenação dos embriões. A fêmea do polvo tem uma única reprodução, permanecendo vigilante pelos seis meses de incubação ao lado dos ovos sem sair para se alimentar e, ao quebrarem as cascas e saírem os filhotes para a nova vida, a mãe polvo joga pela última vez água sobre eles e dá o seu último suspiro, entregando a vida por amor.

Quadro comovente é o cuidado e proteção dos pintinhos pela galinha. Os filhotes, logo após a quebrada dos ovos no ninho, começam a se levantar e ganhar liberdade para andar. A mãe se coloca no terreiro junto aos pequenos meio trôpegos e começa a aula de sobrevivência. Ela cisca na terra, encontrando grãos de areia, e cacareja, mostrando aos aprendizes quais devem bicar para se alimentarem. Mãe e filhos andam sempre juntos por todo o terreiro. No final da tarde a mãe entra no galinheiro para dormir e todos a acompanham, passando o descanso noturno debaixo de suas asas protetoras. Como nem tudo da vida animal é um mar de rosas, a visita do gavião ao terreiro é o terror das mães e seus pequenos. Esses terríveis predadores aparecem voando em círculo sobre o terreiro, ameaçando atacar. Penso que as galinhas estão sempre de vigília e, pressentindo o perigo, elas abrem as asas, recolhendo os pintinhos, e se prostram em atitude de defesa. No momento em que o gavião abaixa o voo e se aproxima para pegar a presa, a galinha o ataca com bicadas furiosas. Trava-se forte combate entre o predador e a mãe protetora. Algumas vezes elas vencem a batalha e conseguem afugentar o inimigo, mas outras, eles são mais espertos e conseguem levar o infeliz filhote pelo bico e pelas garras dos pés.

Entre os seres humanos, o amor da mãe é tido como o amor maior. Ouvi certa vez de uma mãe de filhos adultos que ela só descansava tranquila quando seus filhos estavam dormindo. Essa regra não é para todas as mães. Existem mães que deixam os filhos ao cuidado dos pais, das avós e de estranhos. Algumas por não terem condições de sustentá-los e outras parece que são desprovidas do instinto materno. Louváveis são as mães de coração, que adotam filhos de outras mulheres, educando-os e encaminhando-os como seus.

Recordo-me de um texto que havia em um livro de minha escola primária que contava um fato sobre o instinto materno de amor extremado das índias, mães solteiras que pertenciam a uma tribo brasileira. Segundo o costume de índios antropófagos, o filho da jovem solteira não poderia sobreviver. Depois que nascesse, estava destinado a ser comido pelos adultos em um ritual macabro. A índia grávida, percebendo o dia do nascimento da criança, fugia e se embrenhava pela floresta e lá permanecia, amamentando o bebê e sobrevivendo com os recursos da natureza. Pelo instinto materno, a futura mãe, ainda não tendo visto seu filho, já o amava e corria todos os riscos da floresta para assegurar a vida ao bebê.

20. terreiros

Uma profissional da saúde, nascida no sul do país, formou-se, constituiu família e foi residir e trabalhar no interior do estado da Bahia. Deparou-se com costumes conhecidos pela literatura, pelos noticiários, mas não presenciados até então. A profissional concedeu-me uma entrevista em que narrou de que forma os rituais de macumba envolvem o dia a dia das pessoas de todas as classes sociais daquela região. As palavras da entrevistada seguem tal como foram gravadas:

— Vamos falar a respeito da macumba na Bahia, que é rotina, é 'hot dog', é 'cheese sandwich'. Lá você encomenda macumba, faz 'fast food' de macumba, rss... Você pode fazer um casamento na macumba; pode viajar para fazer uma macumba; pode fazer um roteiro de macumba. Tem uma pequena cidade, próxima a Salvador, Nazareth das Farinhas, onde eu tenho muitos conhecidos. Inclusive, se alguém disser 'Estou indo para Nazareth das Farinhas', você já sabe que foi pra fazer macumba, foi pros terreiros de macumba. Se você chega em Nazareth, tem a oportunidade de pegar o 'ferry boat' para Salvador. Eu tive a oportunidade de fazer o trajeto de carro e, quando cheguei, senti no ar um clima pesado, uma coisa esquisita, parece que o ar lá é denso. Enfim, eu moro na Bahia e lá a macumba é coisa rápida, encomendam macumba pra tudo. Eu tenho amigos que moram em Nazareth das Farinhas. Te oferecem macumba se você está no seu escritório, no supermercado, em qualquer lugar tem as ofertas de macumbas. Todos os meus amigos me oferecem macumba. Eu tenho um amigo de infância que tem um terreiro de macumba. Nesse terreiro tem o preto velho, que comanda os trabalhos.

Eu perguntei nesse momento:

— Qual é a profissão desse seu amigo?

Ela respondeu:

— Ele é médico, atua como médico, tem consultório muito frequentado, é um ótimo profissional, querido pelos clientes. Nas sextas-feiras à tarde, ele fecha o consultório e vai pro terreiro. Nos sábados ele tem reuniões fechadas com as pessoas que recebem as entidades. Por exemplo, tem pessoas do terreiro que eu conheço e frequentam a casa dele em aniversários, festas. Tem um amigo que recebe uma índia e um que recebe um índio, e as entidades são irmãs, assim dizem. Tem um outro que recebe o preto velho.

Eu não conheço bem o ritual porque eu nunca fui, mas um dia, eu não pude escapar. Participei tecnicamente de um, porque cheguei para o aniversário dele e eles estavam iniciando a cerimônia e me esperaram para continuar. O médium queria falar comigo e estava recebendo uma entidade feminina e esta disse que foi minha mãe numa época muito remota e que ela esperava me encontrar na terra. Uma vez me encontrando, ela não voltaria mais. Existe uma palavra no universo da macumba que ele disse, um 'parapapá' que eu não me lembro, nem sei repetir, mas que posso perguntar a uma amiga. Essa entidade, pelo que ele contou, era uma senhora que teve vários filhos e eu fui uma filha dela, que fui tomada e fui levada. Uma situação de extrema tristeza e, a partir dessa situação, ela encarnava nesse médium para me encontrar. Existe um nome na macumba para isso que eu não sei. Eu vi isso como uma armadilha imensa pra eu me ater àquela prática. Enquanto eles falavam essas coisas, eu ia sentindo a armadilha e o tempo todo rezando o 'Creio em Deus Pai', o tempo todo eu rezava. Pedia a Deus pra me proteger, pra me cercar dos anjos, porque esse ambiente não faz parte do meu universo, graças a Deus. A religião católica me foi ensinada por minha mãe e eu sou católica.

Enquanto ela fez uma pausa, eu fiz outra pergunta:

— E os políticos? Você já havia comentado qualquer coisa sobre a participação deles na macumba...

Ela contorceu os lábios demonstrando decepção e continuou:

— Os políticos são altamente envolvidos com macumbeiros, quando não são eles os próprios donos de terreiro. Eu tenho um conhecido político importante que só anda acompanhado do seu xamã. Esse político foi primeiro eleito em Salvador e tinha esse macumbeiro como seu funcionário, e quando o político veio para a cidade do interior, o macumbeiro foi realocado para essa cidade, com cargo de assessoria bem remunerado, e ele não tem formação nenhuma. E durante o tempo em que ele viveu em Salvador, trabalhava no cargo político de assessoria e cuidava da macumba, eu quero crer. Lá ele dava aula de macumba. Ele foi nascido e criado em Salvador e conhece todos dos terreiros. Ele tem os amigos dos terreiros e, na casa de um, ele come uma feijoada, na casa de outro, que é cantor, ele frequenta a casa da mãe do cantor, que é macumbeira também. Os cantores doam muito dinheiro para os terreiros. Eles creem que assim conseguem sucesso. Veja as músicas de alguns cantores, por exemplo... e cito o nome – noventa por cento das letras de música são de macumba. No Carnaval, eu estava assistindo à passagem de um trio elétrico e esse meu amigo estava perto. A banda, abrindo a chegada do trio, o meu amigo disse: "Presta atenção na letra. Só canta ponto de macumba!". E nesse momento ele cantou uma parte da letra da música, que citava várias entidades. Esses cantores são envolvidos até o pescoço com a macumba.

Dei continuidade às minhas perguntas:

— O que é ponto de macumba? Nunca ouvi essa expressão!

— O ponto é a forma de chamar a entidade para que ela venha. Este ponto: 'Meu pai oxalá, é o rei vem me valer', é o ponto do preto velho. Pra ele descer tem que cantar isso, pra subir canta outra coisa que eu não sei qual...

— Então pra chamar tem que ser por ponto?

— É, chama a entidade por pontos de macumba!

— Agora outra pergunta: só esse político tem um macumbeiro?

— Não, todos os políticos têm um macumbeiro. Eu, pelo menos, não conheço nenhum que não se ligue a um terreiro. Todos frequentam os terreiros. Macumba lá é 'fast food'.

— E os católicos, são só católicos ou frequentam a macumba também?

— É aí que está. Existe o sincretismo religioso. Na Igreja Católica é São Jorge, na macumba tem outro nome. Santa Luzia é... não sei; Jesus Cristo é... Iemanjá é Nossa Senhora. Em Porto Seguro, quando a gente atravessa a balsa, tem um hotel. Nesse hotel tem os orixás. Um macumbeiro me disse: "Ali dentro tem todos os objetos, tudo enterrado das macumbas". Tem as figuras dos orixás enormes e as coisas enterradas não sei bem como. Lá na Bahia, no dique de Tororó, tem todas as entidades de tamanho gigantesco. São estátuas de Oxalá, Ogum e outros.

— Então as estátuas na Bahia são como a religião do antigo Egito, com as estátuas dos deuses, que eram adoradas e tinham poderes especiais. Quem mora na Bahia com certeza conhece esses rituais?

— Não tem como não conhecer e dificilmente não praticar. É o sincretismo religioso. As lavagens são todas de macumba. A lavagem das escadas da igreja do Senhor do Bonfim são as mães de santo que lavam. Na festa de Iemanjá, em Salvador, os terreiros descem pra areia da praia pra fazerem o ritual de Iemanjá nas águas. Ela é a deusa das águas salgadas.

— Quando acontece a festa de Iemanjá?

— Tem a duração de um dia, é 2 de fevereiro. Cantam uma música: "Dois de fevereiro é dia de Iemanjá, a ti as oferendas pra lhe ofertar". Essa música é cantada em shows e a cantora veste de vermelho, que é a cor do orixá. Cada ano é de um orixá e cada um tem a sua cor. O ano passado foi de Oxossi ou de Ogum, aí eu já não sei...

— Tem que ser um antropólogo que queira ir à Bahia para fazer uma pesquisa sobre os terreiros de macumba. Eu li sobre esse tipo de pesquisa.

— Tinha um antropólogo em Salvador que tem uma casa e eu até comprei uma bolsa pra uma professora. Ele fotografou todo o ritual de macumba, e ele é o único branco que chegou a ser Babalorixá. Vou lembrar o nome dele... Tem um museu permanente no Pelourinho e você compra as roupas lá.

— O que é Babalorixá?

— É o top, é o papa da macumba. É a mais alta autoridade.

— Fale-me um pouco sobre os Babalorixás. Na Bahia tem muitos?

— Aí é que está. O Babalorixá é o mais alto da hierarquia da macumba e para chegar a ser um é difícil. Um dos mais conhecidos é antropólogo e fotógrafo. Tem a foto de todos os outros e eu vou perguntar a minha amiga o nome dele. É muito famoso. Ele fotografou e filmou todos os rituais dos terreiros de macumba. E para ser Babalorixá tem um ritual que eu não conheço, mas que é preparado com muito esmero.

21. mãe que não é mãe

O poema 'Ser mãe', de Coelho Neto, inicia-se assim: "Ser mãe é desdobrar fibra por fibra o coração". E termina de forma muito bonita dizendo? "Ser mãe é andar chorando num sorriso! Ser mãe é ter um mundo e não ter nada! Ser mãe é padecer num paraíso!". O poeta quis expressar o sentimento de uma autêntica mãe, embora faça, no final, uma comparação estranha, porque quem sofre não está no paraíso. O poeta exaltou as boas mães e omitiu as más. Parece uma incoerência dizer que existem mães ruins, mas infelizmente é verdade.

E as mães continuam a zelar os filhos no berço. Enfrentam os desafios de educá-los para a vida. E se atiram nos maiores desafios para proteger os filhos, estejam eles em qualquer idade. As mães de hoje não cuidam dos seus rebentos como as mães primitivas. O tempo é outro, os recursos maternos com facilidades se ampliaram e surgiram as babás para compartilhar com as mães os cuidados com as crianças. A modernidade trouxe até uma babá eletrônica!

O sentimento materno está implícito não só nas que geram, mas em outras pessoas que se colocam no lugar de mãe, educando os pequenos melhor do que as próprias mães. Essas são as diversas situações em que se veem mães que não geraram, mas que criam crianças com amor de verdade. São as mães de coração. Existem as tias-mães, as avós-mães, as madrastas-mães, os pais-mães, as irmãs-mães, que educam com responsabilidade e amor, preparando as crianças para uma vida feliz e realizada.

Em contrapartida, algumas cometem atrocidades com seus próprios filhos. Conhecem-se casos de espancamento, castigos físicos de vários tipos, crianças indefesas que sofrem horrores infringidos por mães, pais ou por aqueles que as criam. O noticiário da mídia traz casos chocantes com a contradição daquelas que, em vez de proteger seus filhos, cometem barbaridades, que levam as crianças até à morte.

Entrevistei uma médica que trabalha em hospitais de cidades pequenas do interior do Brasil que atendem à população carente e, dentre outros casos de situações alarmantes, que demonstram o péssimo estado da saúde oferecido pelo sistema de saúde público, ela relatou-me um atendimento emergencial de uma criança que estava quase à morte e que passo a descrever:

— Eu estava de plantão no hospital mais ou menos às onze horas da manhã, não mais que isso, quando adentra uma senhora trazendo uma criança com uma falta de ar extrema, medicamente falando, uma dispneia forte. A criança já tinha o que a gente chama de cogumelo de espuma nas narinas, quando ela está soltando espuma, ou seja, ela estava afogada, sinal de que o pulmão não estava mais funcionando. Eu perguntei: 'Mas como essa criança está afogada?'. Pois bem, fui e solicitei que viessem os outros técnicos de enfermagem para poder me ajudar. Começamos a aspirar a criança e foram saindo grumos de chumbinho.

Eu perguntei:

— O que são grumos? Desconheço o termo.

— Grumos são pequenas partículas pretinhas de chumbinho. Aí foi que nós demos o diagnóstico de que a criança estava intoxicada com chumbinho, que é o organo fosforato, um veneno gravíssimo que mata e faz esse processo: dá o edema agudo de pulmão, ou seja, afoga no seco. Questionamos a mãe: 'Dona, como é que essa criança comeu esse chumbinho?'. 'Ah, ela tava na casa da tia e lá tem veneno de rato. Ela coloca veneno lá e ele deve ter arrastado... Sabe como criança é. Ele tem quase dois anos e deve ter pegado lá junto com outra coisa'. 'Dona, mas é veneno demais, como é que pode? Uma criança não se envenena desse jeito não! Tem veneno demais, me explica como é que é isso'. 'Não, não, não sei. Ele estava na casa da tia'. Nitidamente, a mãe estava mentindo. Começou o desespero médico pra salvar a vida do menino num hospital que não tem absolutamente nenhuma estrutura pra isso. É o que a gente chama de baixa complexidade. Ali a gente não pode considerar baixa complexidade, é uma total falta de recursos. Solicitamos, através de fax, a transferência da criança e, à medida que ele ia melhorando, eu ia repassando mais fax pra ver se outros hospitais aceitavam, e ouvi dos profissionais que não podiam aceitar porque ela estava muito grave. Então a criança teve que continuar no hospital.

Ficamos desde aquela hora até às dez horas da noite e, graças a Deus, o menino sobreviveu e está muito bem. No outro dia tinha respiração espontânea, sem taquicardia e sem risco iminente de morte. Foi nesse momento que minha paciência acabou. Liguei para a polícia, para o investigador de polícia que já me conhece, que está lá sempre com os bandidos, com confusão, com tragédia, pessoas baleadas; são cinquenta mil homicídios no Brasil por ano e esses cinquenta mil passam por atendimentos médicos. Essa linha da tragédia sempre acaba na porta de um hospital ou na porta de uma delegacia. A linha de frente do conflito somos nós, da saúde, e os policiais.

Quando o investigador chegou, eu falei: 'Essa senhora está mentindo pra mim desde que chegou. Provavelmente, ela deu arroz com veneno pra criança porque tinha muito arroz no estômago e muito chumbinho no pulmão dela. Ela broncoaspirou. Agora está bem, mas é necessário investigar'. O policial foi a casa dela e, com menos de quinze minutos, voltou e me disse: 'Doutora, a senhora está certa. A panela de arroz está lá, está tudo lá, e ela realmente envenenou o filho'. 'É, eu insistia e perguntava: 'Por que a senhora demorou tanto a trazê-lo?'. Ela respondia: 'Não, doutora, ele não estava mal assim não. Ele ficou assim agora'. 'Isso não tem condição dona!'. Eu retrucava: 'Ele teve uma piora progressiva'. Aí descobrimos que ela só levou pro hospital porque os vizinhos das casas, que não têm privacidade, viram a criança passando muito mal. Ela alegava que não tinha dinheiro pra levar ao hospital. Os vizinhos deram o dinheiro pra pagar um mototáxi para levar e ela teve que vir.

Depois, o policial me disse que ela queria matar o filho pra poder agredir o marido. Disse que o marido batia nela, que tinham cinco filhos, e queria matar o menor porque era o que ele mais gostava. O marido estava trabalhando na roça. Um drama social. Sempre a mesma coisa!

— E o desfecho do caso?

— Ela foi presa em flagrante, mas não permaneceu quase nada presa porque agora, no mês passado, eu internei outra criança que estava doente e que chegou com ela. Ela está solta, cuidando dos outros filhos, porque o menino foi adotado por uma prima. O nome dele é Emanuel Messias. Deus não ia deixar matar uma criança daquele jeito, um Messias, e nem um Emanuel, não é? Com esses dois nomes... Ele está lá vivo por vontade de Deus e está bem.

— Existe Conselho Tutelar nessa cidade?

— Sim, mas o Conselho Tutelar não serve para absolutamente nada, ou vale muito pouco, porque não tem poder de polícia. Eles vão, veem a situação e isso é mais um embrolho social. Não tem resolutividade nenhuma. Na região tem de tudo: pedofilia, agressão às crianças... Isso é inerente ao dia a dia da população. Conversando com os Conselheiros, dizem que vão às casas, sabem da situação que as crianças vivem, veem as crianças deficientes, mas nem por isso podem tirar aquela criança do seio da família, daquele desencontro, porque vão colocar onde? Não existe essa estrutura no país, não se tem uma instituição que possa acolher os menores. Na verdade, não se tem essa rede. Tem o Conselho Tutelar, tem os conselheiros, mas não se tem essa rede. 99% dessa rede é um 'fake', é tudo teatro. Nada acontece! Aí falam: "Não, nós somos novos, estamos engatinhando no processo". Eu pergunto: como que é isso? É falta de vontade, falta de atitude. Infelizmente, estamos vivendo a desordem. A desordem reina.

Com as bolsas-família aumentou o índice de natalidade. Mulheres com 12 filhos, outras com 13 filhos, voltamos à década de 30, de 40, quando não tinham acesso ao anticoncepcional. As mães não querem o controle da natalidade, não aceitam. É inacreditável! Quem está lá na linha de frente, mediando o conflito, nós, médicos, e os que trabalham na saúde, e que fazemos o SUS, sabemos disso, vemos que a bolsa virou renda para a família. E para nós, para o povão, virou a compra de voto nas eleições. É o caos social e familiar. Não vejo saída!

POSFÁCIO

DOS CONTOS

Os contos ora narrados, em sua maioria referem-se ao tempo de infância e juventude, enquanto eu vivia em casa dos pais. São memórias fotográficas de pessoas queridas – hoje ausentes –, que marcaram minha vida e nela deixaram imagens que, no momento em que fecho os olhos, facilmente me vêm à tona, como se estivessem presentes. Incluo nesta obra outros contos atuais, relatos de pessoas que se dispuseram a falar de suas vivências e que foram entrevistadas por mim.

Sempre pensei que tinha uma memória locativa e visual muito clara ao recordar com precisão certas colocações de textos, ilustrações em livros e fisionomia de pessoas com quem tive contato em tempos remotos. Recordo perfeitamente algumas passagens de livros de infância, fatos como a Guerra do Paraguai, a Guerra do Peloponeso, poesias, figuras de aves e animais da África; vejo os títulos, textos e parágrafos estampados à esquerda ou à direita da folha do livro.

Nos contos reproduzidos nesta obra, parece que torno a ouvir a voz do meu pai, da minha avó e da tia, que despendiam o tempo das noites à luz das lamparinas narrando histórias e contos reais ou de ficção às crianças, que os ouviam embevecidas. Sinto-os perto de mim. Cada um tinha o seu timbre e tonalidade únicos. Evocar essas pessoas por meio de suas vozes é evocar suas imagens, seus rostos, ora sérios, ora sorrindo e sentindo a emoção do fato contado.

A memória utiliza as faculdades sensoriais no ato de evocar alguém. Evocar quer dizer chamar de fora. Os sentidos têm a capacidade de perceber a realidade que imediatamente é apreendida e elaborada pelo intelecto e pelas emoções, ficando as imagens retidas na memória individual, podendo voltar em forma de lembranças.

A obra literária de contos do passado não estabelece com o leitor um pacto de obra escrita com a fidelidade do que foi vivido. O leitor sabe que está lendo o que o autor ouviu e viveu, mas com pequenas alterações fictícias, às vezes apimentadas, adaptáveis ao deleite e lazer do leitor. A memória evocadora dos personagens do passado e seus contos foi desencadeada pelos dados sensoriais, e a escrita dos contos tornou-se efetiva.

A voz humana goza de uma característica única da pessoa que a emite. Nenhuma voz humana é igual a outra. Comparemos o choro de um bebê, que é reconhecido pelos pais mesmo dentre muitos choros de bebês. Assim é a voz e também a conformação física humana. O princípio da individualidade do ser faz com que não haja um ser humano igual a outro, nem mesmo os gêmeos. Os seres inanimados produzem sons iguais e têm a mesma especificidade ao produzirem a voz. Ouçamos a voz de um instrumento musical. Dois ou mais pianos produzem a mesma voz. A linguagem dos instrumentos musicais é um fenômeno social, enquanto a voz humana é estritamente individual.

A linguagem do homem tem um número de palavras limitado e esse número se amplia ou não, dependendo do contato com outras pessoas, com a leitura e com mundo do conhecimento. Dizem os linguistas e estudiosos da área que a imagem da alma é representada pelas inflexões da voz. A entoação da voz é como o arco-íris, afirmou o filósofo francês Diderot, no século XVIII. E como o arco-íris, basta uma mudança de tonalidade para ir do verde ao amarelo e ao laranja. As emoções humanas, como alegria, melancolia, sedução e surpresa, todas são expressas pela entonação da voz. Ao reproduzir os contos, revejo mentalmente a gestualidade vocal dos contadores, a curva melódica da voz enxertada na respiração ora tranquila, ora ofegante, marcando as emoções sentidas pelos narradores.

A voz é designada como princípio da vida. A voz dos narradores de contos de outrora me vem à memória e designo para cada conto ouvido a voz do seu contador com a entonação, o riso, a seriedade, o deboche, a altura e o timbre. Recordo o dono da voz assentado no banco da cozinha, onde todos ao redor escutávamos atentamente. No meio da contação, o narrador fazia uma pausa após emitir palavras desconhecidas dos pequenos espectadores e perguntava o significado. Ao declamar poesias, os termos mais sofisticados tinham que ser reproduzidos, por exemplo: nas galés da história ou atroz da expiação e, após a explicação dos termos, os ouvintes ampliavam o vocabulário.

A curva melódica da voz varia, inclusive, de acordo com a língua do povo. A tonalidade da voz de uma pessoa que expressa uma emoção é diferente de uma língua para outra, assim afirmam os linguistas. Cada indivíduo possui uma tonalidade de voz especial. As emoções individuais são expressas por uma mímica vocal única. Podemos observar essas afirmativas em qualquer círculo de pessoas conversando, quer sejam assuntos triviais ou discursos específicos.

Gostaria de poder expressar por palavras as múltiplas emoções que me suscitaram as vozes daqueles narradores noturnos da vida na roça. A velha avó, que reproduzia suas leituras de contos e romances e, melancolicamente, as vivências sofridas por ter perdido o esposo e filho em pouco espaço de tempo. O pai forte e vibrante, em tom empolgado descrevia as histórias e casos de outrora e falava das batalhas da Segunda Grande Guerra Mundial, fatos dantescos que nos amedrontavam. A tia que morava naquela casa, nos dias em que não estava achacada de enxaqueca, participava com histórias de sua viuvez, pegava o velho violão e cantava modinhas do seu tempo.

As vozes das pessoas que amamos no passado, conservamos meio apagadas dentro de nós e possuem segredos que só a nós são revelados. Tento recuperar totalmente essas vozes, mas não consigo repetir os timbres diferentes de cada pessoa que as emitiu. As vozes que falam em nós e que ousamos expressar no papel, são palavras surdas, cujas abstrações apenas nós tentamos decifrar.

A língua com a qual os narradores de contos nos falavam, que aprendi desde a infância e que somente utilizávamos para nos comunicarmos, era um português ríspido de interior, palavras bruscas e rudes marcadas por entonações léxicas típicas dos caipiras que viviam longe das cidades, sem nenhum contato com pessoas mais letradas. Era uma linguagem marcada por frequente emprego de termos regionais e arcaísmos.

DAS CRÔNICAS

Os textos desta obra são crônicas em forma de reflexões curtas, revelando minha visão crítica, ora observando situações ou falando ao leitor, interagindo com ele, permitindo que se identifique com os personagens ou não concorde com a narrativa. Às vezes, apresentam-se como conversa informal e, em outras, estabelecem uma forma de diálogo com o leitor.

As crônicas registram, geralmente, assuntos triviais, fúteis, que existem em qualquer lugar do mundo, que são abordados pelos autores e tornam-se assunto de seus escritos. Em todas as relações sociais há pessoas e costumes excêntricos que são objetos dos cronistas observadores, que colocam no papel essas experiências, acompanhadas de seus comentários.

Autores podem escrever crônicas a distância por meio de fontes, de noticiários, de documentos pesquisados. Muitos foram os cronistas que aproveitaram relatos de guerra, eventos sociais, políticos, acontecimentos importantes registrados por historiadores, e colocaram a imaginação para trabalhar, tiveram uma visão poética e produziram crônicas com fidelidade histórica.

As crônicas modernas, como as ciências, são especializadas, têm o estilo próprio de seus autores. No Brasil, creio que em todos os países, destacam-se as crônicas políticas, sociais, esportivas, econômicas, humorísticas, gastronômicas, dentre uma diversidade imensa. Hoje, a crônica é abrangente e versa sobre qualquer assunto sem se preocupar com a objetividade, sem que o autor tenha sido testemunha ocular dos fatos. Vão aparecendo e se destacando segundo a impressão subjetiva e criativa do autor.

O estilo das crônicas variou e, conforme o tema, teve caráter realista, descritivo, narrativo, crítico, lírico, filosófico e até humorístico. Empregou-se também a ironia para certas relações sociais, familiares e ambientais.

Ao decidir escrever um livro de contos e crônicas, busquei, nos escaninhos da memória, os contos e situações pitorescas que ouvi ou li durante a minha vida. Para as crônicas, fiz um autoexercício intelectual, ao observar comportamentos humanos e animais e, enquanto presenciava tais comportamentos, eu refletia: isso dá para eu escrever algo; creio que será um tema agradável ao leitor. E quantas vezes eu me propunha a escrever sobre uma situação do momento e depois ela me caía no esquecimento!

Para todos os assuntos tracei um mapa mental, delineando os aspectos mais interessantes, sempre dentro de uma linha de raciocínio direta e que fosse clara ao leitor. Procurei expor com liberdade de pensamento, sem me importar se os temas eram conhecidos de outros autores ou inéditos. Pensei em fatos ocasionais ou experiências de vida, inspirações momentâneas e frutos de minhas reflexões. Discussões que algumas vezes não foram concluídas, mas vieram da observação crítica ou filosófica que me surgiu no livre exercício do pensamento.

Todos os textos desta obra, sejam eles contos ou crônicas, versaram sobre o passado ou o presente, simplesmente comentando, exaltando ou criticando fatos vividos ou ouvidos por mim. Espero que tenham agradado ao gosto de leitor, que tenham permitido reflexões sobre o seu cotidiano e propiciado momentos de lazer literário.

Muito obrigada!